女神制造 13

礼仪女神
优 雅 训 练

卢美娜 著

ETIQUETTE
TRAINING

青岛出版社
QINGDAO PUBLISHING HOUSE

图书在版编目（CIP）数据

礼仪女神：优雅训练/卢美娜著 . -- 青岛：青岛出版社，2018.7
ISBN 978-7-5552-7298-4
Ⅰ．①礼… Ⅱ．①卢… Ⅲ．①女性－礼仪－基本知识Ⅳ．① K891.26
中国版本图书馆 CIP 数据核字 (2018) 第 152533 号

本书经旗林文化出版社有限公司正式授权，同意由青岛出版社有限公司出版中文简体字版本。
非经书面同意，不得以任何形式任意重制、转载。
山东省版权局版权登记号：图字 –15–2017–373

书　　名	礼仪女神：优雅训练 LIYI NÜSHEN YOUYA XUNLIAN
著　　者	卢美娜
出版发行	青岛出版社
社　　址	青岛市海尔路 182 号（266061）
本社网址	http://www.qdpub.com
邮购电话	13335059110　0532-85814750（传真）　0532- 68068026
策划编辑	刘海波　周鸿媛
责任编辑	王　宁　刘百玉
特约编辑	孔晓南
封面设计	魏　铭
封面绘图	李　冰
内文设计	杨晓雯
印　　刷	青岛海蓝印刷有限责任公司
出版日期	2018 年 9 月第 1 版　2019 年 6 月第 2 次印刷
开　　本	16 开（787 毫米 ×1092 毫米）
印　　张	8.5
字　　数	80 千
图　　数	203 幅
书　　号	ISBN 978-7-5552-7298-4
定　　价	39.80 元

编校印装质量、盗版监督服务电话 4006532017　0532-68068638
建议陈列类别：时尚生活类　世界风俗类

你为什么要读这本书？

中国正处在迈向国际化的新时代，在这个时代里，与他人交际应酬变成不可避免的事情，不管是代表公司出国开会、参加各种商务场合，还是日常与他人交往，只要我们想与他人建立舒适的关系，都离不开"礼仪"二字。

礼仪是展示优雅自我的基础，优雅是良好素质的外在展现。我们训练优雅，其实就是要在意识上储备尽可能多的礼仪知识，并在行动上体现出来。当一个人能够优雅地待人接物，气质就自然而然地展现出来，当然也会吸引更多更优秀的人士，从而扩充人脉，结交更多优秀的人。这是一个良性循环，能在无意间提升自己的价值。

本书主要讲解日常礼仪，从个人仪态（如站姿、行走姿态及服饰）到外在礼仪（如用餐礼仪、乘车礼仪、通信礼仪等）都有涉及。要知道，有些你觉得不起眼的举动，在懂礼仪的人的眼中却是失礼的行为。以乘车为例，在车内的位置有尊卑之分，如果我们因不懂礼仪而误坐到尊位，使他人产生不好的感觉，是件得不偿失的事情。

另外，本书还讲到各国文化礼仪，这些与各个国家的人交往时要遵守的礼节，也是这个时代不可不知的社交"秘籍"。

我们要成为一个优雅的人，在与人交往时，做到尊重他人，减少误会与摩擦，在他人心中留下好印象，以达到事半功倍的效果。

训练优雅，从现在开始，从一点一滴的细节开始，做一个有礼有节的人。

目录
CONTENTS

第一章 01 餐桌礼仪 品位，从餐桌开始
Table Manners

邀请他人参加宴会，你必知的事情　　2
中西式席位安排方式知多少　　6
西餐礼仪——做个完美的绅士/淑女　　17
中餐礼仪——细说圆桌上的礼节　　28
欧式自助餐不难懂　　31

第二章 02 穿着礼仪 细节塑造影响力
Dress Appearance Etiquette

选衣之前你要了解的事　　34
男士的服饰礼仪　　37
女士的服饰礼仪　　41
个人仪态知多少　　44
仪容打理　　51

第三章 03 住的礼仪 做个有礼的主人、借宿人
Etiquette for House & Residence

一般居家礼仪　　54
拜访和待客礼仪　　56
寄宿和外宿礼仪　　58

第四章 04 出行礼仪 遵守规则，提高修养
Courtesies on the Road

行走、走楼梯、乘坐电梯的礼仪　　　　62
乘车礼仪　　　　65
搭乘其他公共交通工具的礼仪　　　　73

第五章 05 通讯礼仪 精准表达，就能事半功倍
Communication Etiquette

接打电话的礼仪　　　　76
转接电话的礼仪　　　　80
使用手机的礼仪　　　　82
书信礼仪　　　　84

第六章 06 社交礼仪 言行得体，提升个人魅力
Etiquette for Social Occasion

介绍他人及自我介绍的礼仪　　　　90
握手礼仪　　　　92
递送名片的技巧及礼仪　　　　94
其他社交礼仪　　　　96

第七章 07 | 宴会礼仪 绅士与淑女养成须知
Banquet Etiquette

酒会、茶会、游园会礼仪　　　　100
欣赏音乐会的礼仪　　　　　　　102
参加舞会的礼仪　　　　　　　　104
高尔夫礼仪　　　　　　　　　　107

第八章 08 | 各国文化礼仪 各国礼仪大不同，怎么做才不失礼？
Customs of Various Countries

美国文化礼仪　　　　　　　　　110
英国文化礼仪　　　　　　　　　112
法国文化礼仪　　　　　　　　　114
澳洲文化礼仪　　　　　　　　　116
日本文化礼仪　　　　　　　　　118
韩国文化礼仪　　　　　　　　　120
德国文化礼仪　　　　　　　　　122
荷兰文化礼仪　　　　　　　　　124
新加坡文化礼仪　　　　　　　　125

第一章
餐桌礼仪
Table Manners

品位，从餐桌开始

---

1 | 邀请他人参加宴会，你必知的事情

2 | 中西式席位安排方式知多少

3 | 西餐礼仪——做个完美的绅士/淑女

4 | 中餐礼仪——细说圆桌上的礼节

5 | 欧式自助餐不难懂

餐桌礼仪
Table Manners

1 邀请他人参加宴会，你必知的事情

邀请他人参加宴会前，要拟定宴客名单、决定宴客时间、寄出邀请函等，但这一堆事情到底该怎么妥当安排？

别担心，往下看，你就能轻松突破邀请宾客的关卡！

怎么拟定宴客名单？

在拟定宴客名单时，要避免同时邀请私交不好的人。在选择陪客时，陪客身份一般不可高于主宾。

 陪客是什么意思？

陪客是由邀请方请来陪伴主宾的人，以便让主宾在参加宴会时有专人照应。

怎么拟定宴会时间？

官方宴会的时间尽量不要选在周末及假日，要以工作日为主。私人宴会时间选择可以更加灵活些。

怎么选择宴客地点？

在选择地点时要注意环境是否卫生，不要选太偏远的地方，要以交通便利为主。

另外，也可以选择私人住所，这样会显得主人更有诚意，也会使宾客更有亲切感。

宴会的种类有哪些？

有 9 种常见的宴会类别，以下做简单的说明：

类别	说明
午宴 Luncheon, Business Lunch	通常在中午 12 点到下午 2 点举办
晚宴 Dinner	通常在下午 6 点后举办，应邀请宾客夫妇一起参加
国宴 State Banquet	各国元首之间的正式宴会
消夜 Supper	通常在歌剧、音乐会后举行，在欧美国家是很隆重的宴会，地位与晚宴相当
茶会 Tea Party	通常在早餐与午餐之间，或是午餐与晚餐之间举行
酒会 Cocktail, Cocktail Party, Reception	不拘于形式的宴会，通常以点心和酒招待客人，如开幕酒会。要注意，酒会的邀请函应注明开始和结束的时间
园游会 Garden Party	为庆祝某一节日而举办的活动，包含校庆、企业园游会等
自助餐或盘餐 Buffet	通常不会排座次，由宾客自由夹取食物、自由落座
晚会 Soiree	通常在下午 6 点后，包括餐宴和节目（音乐演奏、游戏、跳舞等）

什么时候寄送邀请函比较好？

在宴会举办的两周前将邀请函寄出即可。

怎么准备邀请函？

邀请函分为中式、西式两种，具体格式如下：

· 中式邀请函

> 尊敬的××先生/女士：
> 　　为欢迎××访问团的到来，我单位将于×年×月×日（星期×）在×××举办酒会，特邀您参加。
> 　　恭候您的到来。
>
> 　时间：18：00
> 　地点：×××
> 　服装：男士西装
> 　　　　女士套装或洋装

· 西式邀请函

> Financial Supervisory Commission
> Chairman / Vice Chairperson (name)
> Request the pleasure of your company at a luncheon
> In honor of the（Reason）
> On Friday, January 29th, 2017
> At （Time）
> At the（Place）
>
> R.S.V.P.
> Return card enclosed
>
> Dress code：（ex. Business attire）
>
> **RETURN CARD**
>
> Luncheon hosted by Chairman / Vice Chairperson of FSC, Mr. / Mr (name) on January 29th, 2017.
> Name: _____
>
> □ will attend　□ will not attend　　Tel:

第一章 | 餐桌礼仪

邀请函发出后可更改时间吗?
邀请函一旦发出,不宜轻易更改时间或取消活动,以免造成宾客的困扰。

如何选择宴客餐点?
我们应该事先询问宾客的饮食偏好及宗教信仰,然后根据宾客的饮食习惯指定菜肴。

餐桌上要备有客单、菜单吗?
正式宴会应备有菜单、客单,但客单也可以省略。

作为主人,还有什么要注意的吗?
作为主人,在接近宴会日期时,应提醒宾客,并确认宾客能否到场。

作为客人,要带礼物赴宴吗?
如果在国外,至主人居住的地方赴宴,最好携带具本国(客人的国家)特色的小礼物当作伴手礼,以示礼貌。

怎么选择参加宴会的服装?
如果是参加正式宴会,要依照邀请函上规定的服装赴宴;如果邀请函上没有特别注明,可向主人确认后再依约前往。

可以自行带亲友赴宴吗?
不可携带未受主人邀请的宾客赴宴。

2 中西式席位安排方式知多少

中、西式的席位安排虽有不同,但只要按照尊右原则、三P原则、分坐原则安排主桌,再依照环境安排其他桌次,就能做到有礼貌地招待宾客了。

安排座位有哪些主要原则?

宴会安排座位时要依照尊右原则、三P原则、分坐原则这三大原则安排。

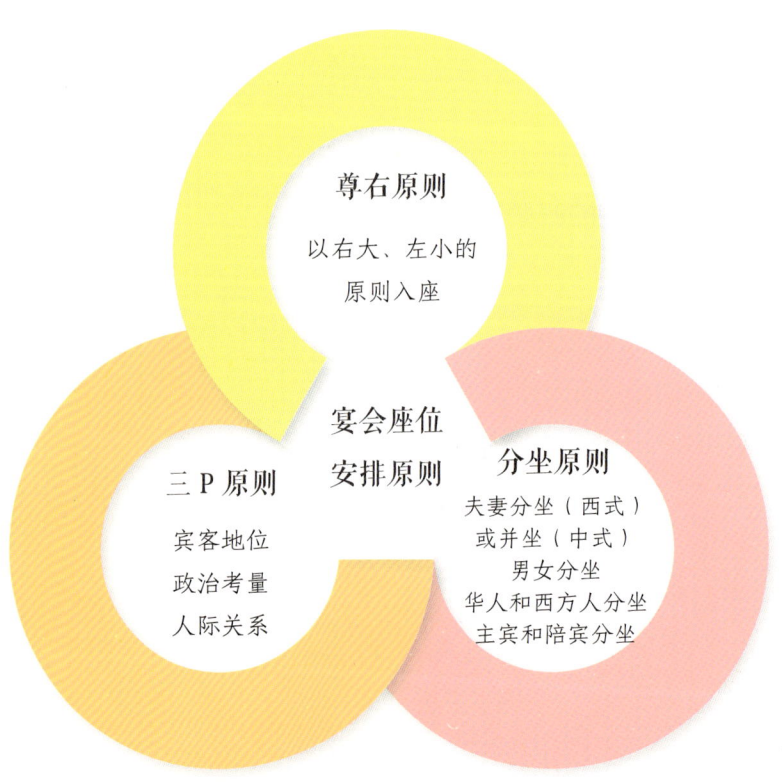

宴会座位安排原则

尊右原则
以右大、左小的原则入座

三P原则
宾客地位
政治考量
人际关系

分坐原则
夫妻分坐(西式)
或并坐(中式)
男女分坐
华人和西方人分坐
主宾和陪宾分坐

餐桌礼仪

尊右原则　以右大、左小的原则入座。外国非工作宴会上习惯安排主宾于女主人右方，主宾夫人于男主人右方；我国习惯把女士安排在一起，即主宾坐于男主人右方，主宾夫人坐于女主人右方。

三P原则　

宾客地位（position）
按受邀宾客的社会地位确定席位，其配偶随受邀宾客而定，但如果配偶的地位比受邀宾客高，则须依其配偶的地位安排席位。

政治考量（political situation）
有时会因为政治因素而改变宾客的地位，以外交场合为例，外交部部长的席位高于在座的其他部长，因为外交部部长需要陪同外宾。

人际关系（personal relationship）
宾客间的交情、语言和从属关系也要列入考量范围。

分坐原则　可以按夫妻分坐或并坐、男女分坐、华人和西方人分坐、主宾和陪宾分坐等原则间隔安排座位。

安排座位时，可让主人先入座，再将主宾定位，等到决定好主人和主宾的席位后，再将宾客以基本的尊右原则排定席位，或是以三P原则、分坐原则等原则安排。

通常主人方的一个陪客坐在最靠近房间的入口处，并背门而坐，这样在宴中照顾上菜和宴会后起身送客时都较方便。

西式座位安排的注意事项有哪些？

西式座位安排以男女主人为中心，越接近主人的位置越尊贵，且女宾忌坐末座。

中式座位安排的注意事项有哪些？

中式宴会也依照尊右原则、三P原则安排席位，只有分坐原则中的夫妻分坐一条要改为夫妻并坐，因为华人重视圆满的感觉，这与西方传统不同。

如果地位上没有差异，应怎么安排位置？

如果宾主之间级别、职位没有太大的差异，也没有政治因素的影响，可依照工作性质、生活背景以及方便交谈情况来安排座次。

宴会的总人数有特别要求吗？

如果宾客男女人数相等，总人数以6、10、14较为理想，这样宾客可以间隔坐，男女主人也可以对坐。如果宾客总人数为4的倍数，就会有两男两女坐一起的情况发生，要尽量避免。除此之外，在西式宴会或有西方人参与时，切记宾主总人数不可为13。

为什么总人数不可以为13？

13人的忌讳源自宗教故事"最后的晚餐"，聚会中第13位弟子是告发耶稣的叛徒犹大。

中国有忌讳的数字吗？

中国传统忌讳数字4，因4与"死"谐音。

圆桌

西式圆桌应怎样安排座位？

西式圆桌有两种安排座位的方式。

男女主人对坐

当男女主人对坐时，男主人应背对入口，男主宾的位置应在女主人的右边，女主宾应在男主人的右边。（右图）

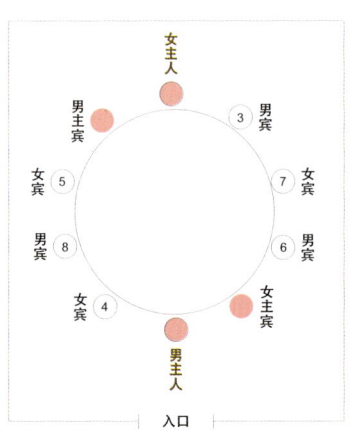

第一章 | 餐桌礼仪

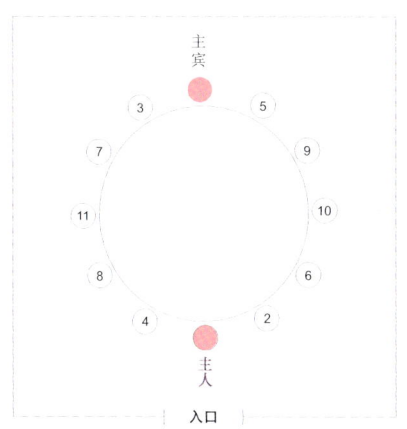

主人和主宾对坐

当主人和主宾对坐时，主人应背对入口，其他宾客的座位以主人的右边为尊，次位为主宾的右边。（左图）

有两桌西式圆桌时应怎样安排桌次？

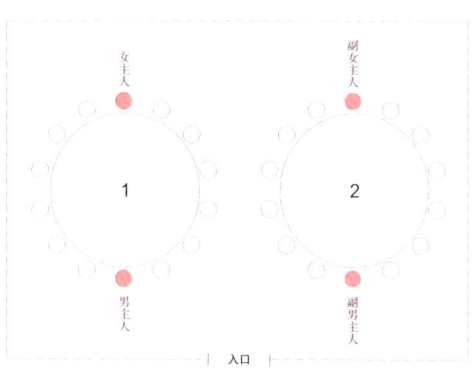

设主人、副主人

男女主人在右边桌对坐，再另设副男女主人坐于左边桌。

（注：右边桌为站在房间内面朝入口的右手边的桌子。）

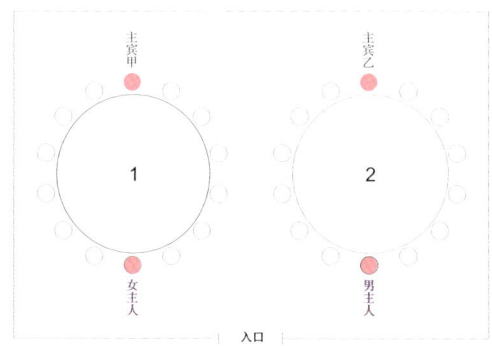

男女主人各坐一桌

男女主人各坐一桌，背对入口，女主人坐于右边桌，再以主宾和主人对坐的方式排列席位。

中式圆桌应怎样安排座位？

男女主人、男女主宾皆在场

主人和宾客双方以男左女右的方式入座。男女主人背对入口坐在一起，男女主宾则成对坐在主人对面。其他宾客由上而下、由右往左，以男女间隔的方式入座。这多用于婚宴、寿宴的座位安排。（右图）

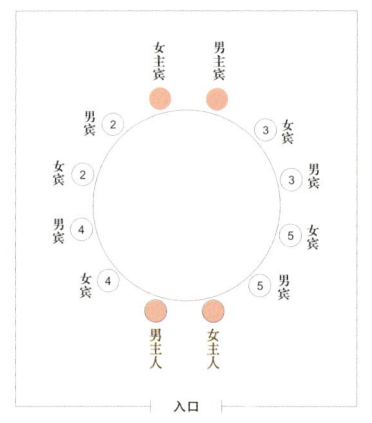

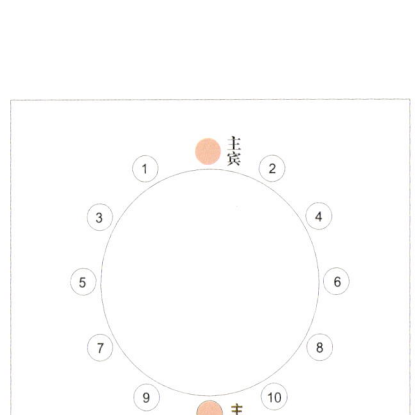

有主人、主宾在场

以主宾面对入口、主人背对入口的方式相对而坐，其他宾客以由上而下、由右往左的方式排列位置。（左图）

主人地位最高

可将主人的位置居中，面对入口而坐，宾客的座位以由上而下、由右往左的方式排列，主人右边的位置为主宾位。（右图）

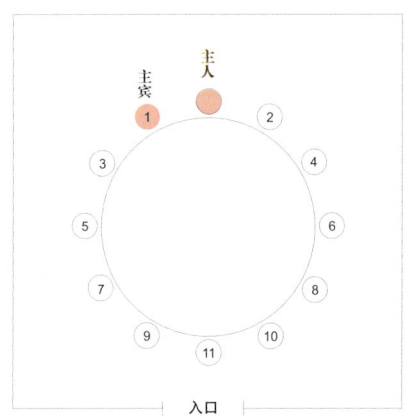

第一章 | 餐桌礼仪

有多桌中式圆桌时应怎样安排桌次？

有多桌时，以主宾所在位置为主桌，桌次的安排要视场地、环境而定，并没有特别要求。可使用"右大左小、中央最大、内大外小"的基本原则安排桌次。

原则	安排方式	图示
右大左小	若同一排的桌子数量为偶数，则以右边桌为尊	右大①　左小②　入口
中央最大	若同一排的桌子数量为奇数，则以中间桌为尊，再以右次左小的方式排列其余桌子	右次之②　中央最大①　左最小③　入口
内大外小	若有多排桌子，以距离入口最远的桌为尊	内大①　外小②　入口

11

排列范例

· 两桌

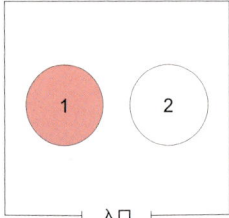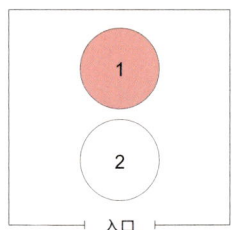

· 三桌

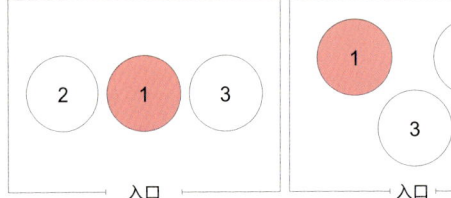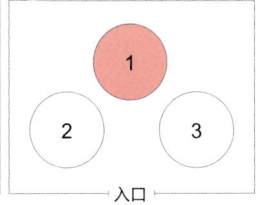

· 四桌

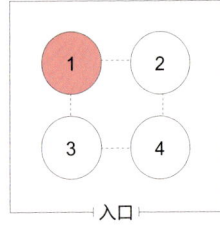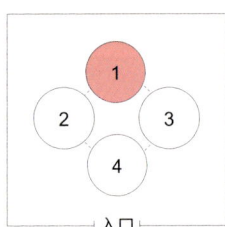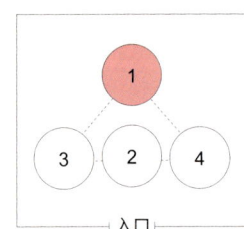

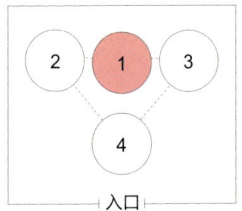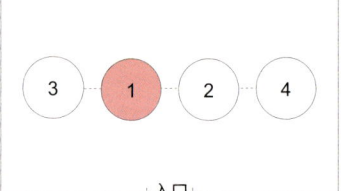

· 五桌

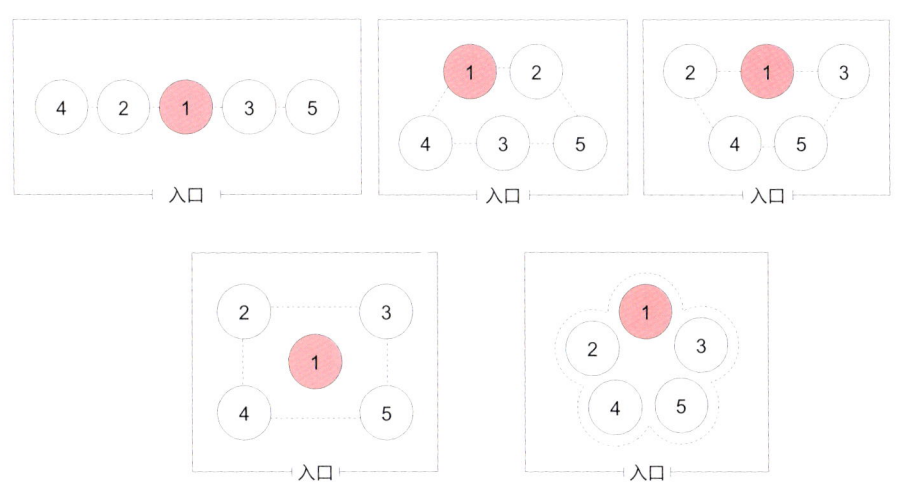

方桌

西式方桌应怎样安排座位？

西式方桌的座位安排分为一位主人（左图）和两位主人（右图）两种情况。

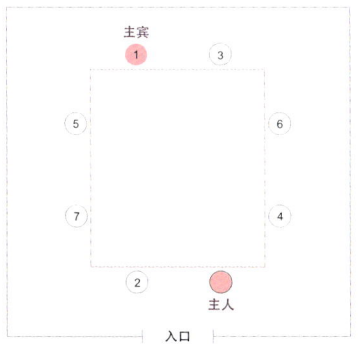 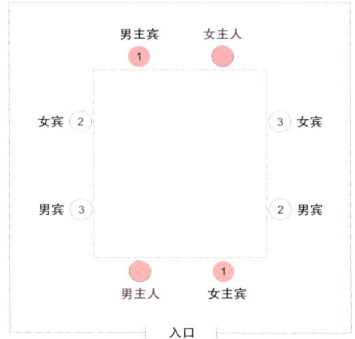

中式方桌应怎样安排座位？

中式方桌的座位安排也分为一位主人（左图）和两位主人（右图）两种情况。

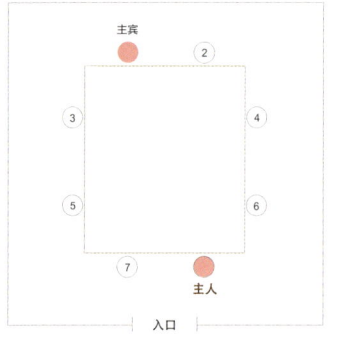 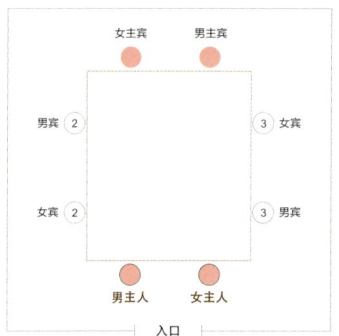

长桌

西式长桌应怎样安排座位？

西式长桌以桌子的两端或中央为尊位，有三种排法。

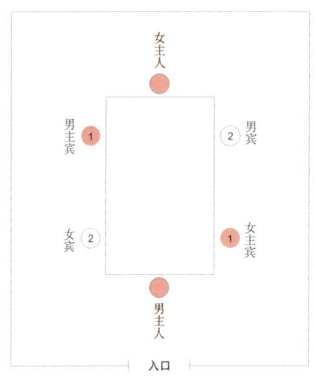

宾主共 6 人

男女主人对坐，男主人背对入口，男女宾客分别坐两端，并以男女间隔的方式入座。（左图）

宾主共 8 人

男女主人斜角对坐，男主人背对入口，宾客以男女间隔的方式入座。（右图）

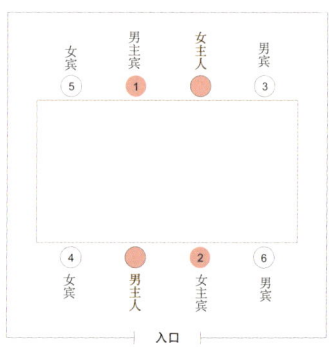

第一章 | 餐桌礼仪

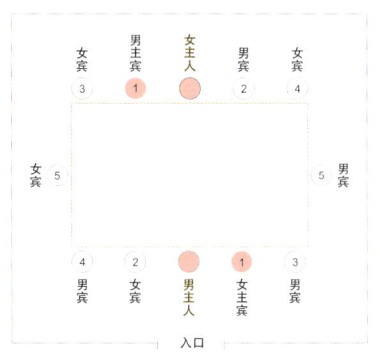

宾主共 12 人

男女主人在长桌的中央相对而坐，宾客依序入座，长桌左右两端为末座。

马蹄形桌

西式马蹄形桌应怎样安排座位？

西式马蹄形桌安排座位时以中央为尊位。入座时以尊右原则开始排，从右内、左内到右外、左外依序排座位。

男女主人地位较高

当男女主人地位高于宾客时，双方在中央并肩而坐，其他宾客依序从男女主人两侧安排。

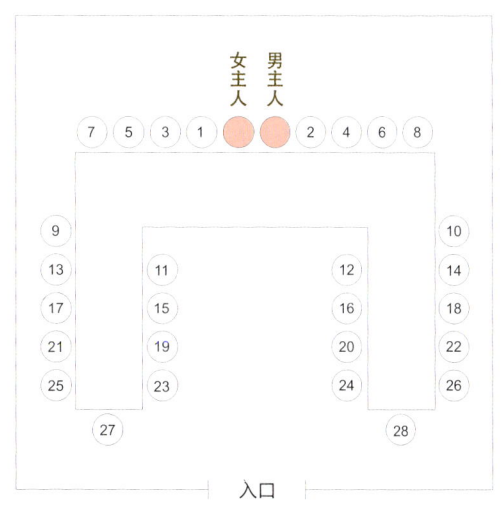

主人和主宾的地位相同

当主人和主宾的地位相同时,男女主人、主宾间隔坐于中央,其余宾客位置由女主人右边依序往下排列。

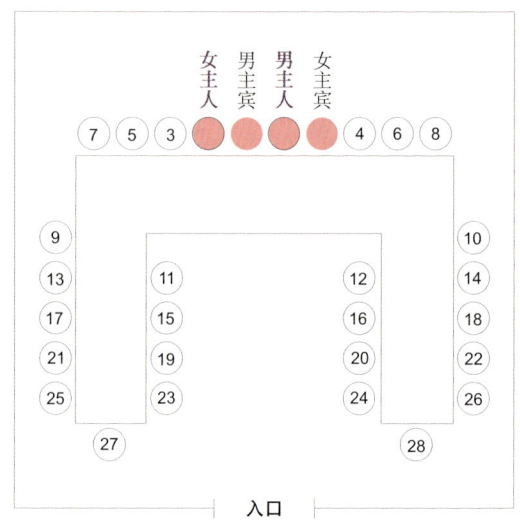

主宾的地位较高

男女主宾地位高于男女主人时,主宾坐于中央,且男女主宾并肩而坐,主人则坐在主宾左右且男女间隔而坐。

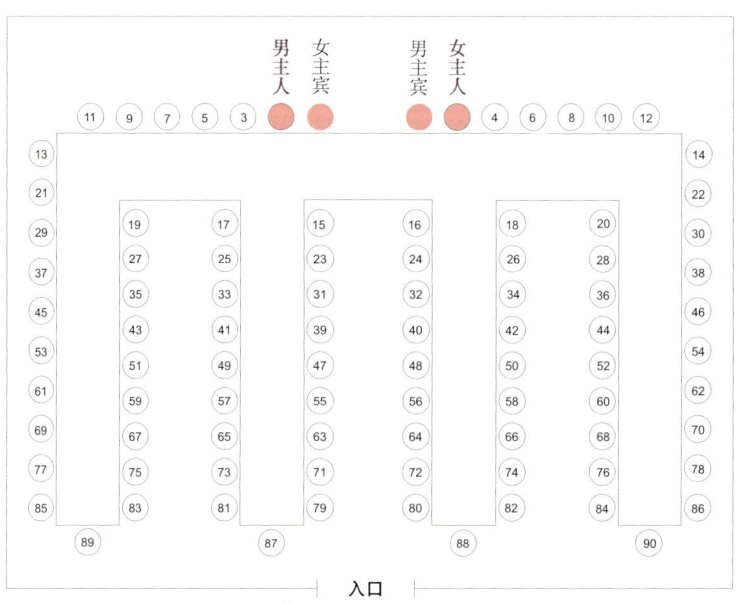

3 西餐礼仪——做个完美的绅士/淑女

从进入餐厅到用餐结束，参加宴会的全程都在考验你是否是一位"完美"客人，因为你的任何举动都有可能影响用餐气氛。如何展现良好的个人修养，吃得优雅？先从了解餐具的使用方法开始吧！

餐具

西餐餐具应该如何摆放？

西餐的餐具有刀、叉、汤匙、杯子、盘子、酒杯等，它们有一套固定的摆放规则。

① 前菜用刀　⑥ 肉用刀　⑪ 白酒杯
② 前菜用叉　⑦ 肉用叉　⑫ 红酒杯
③ 喝汤用汤匙　⑧ 餐巾　⑬ 水杯
④ 鱼用刀　⑨ 点心用汤匙　⑭ 面包盘
⑤ 鱼用叉　⑩ 点心用叉　⑮ 奶油刀

西式餐具的使用顺序是什么？

要以盘子为中心，由外到内选用刀、叉、汤匙，且每道菜仅使用一套餐具。

怎样同时使用刀叉？

以右手拿刀、左手拿叉子的姿势使用刀叉。（右图1）

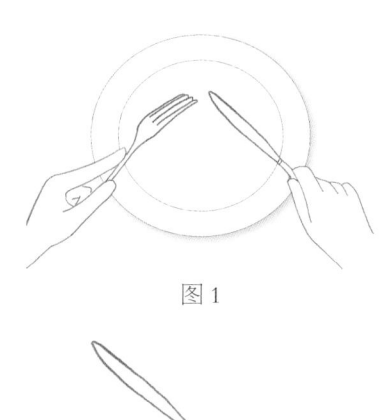

图1

怎样使用刀子？

拿刀时，要将食指按在刀柄上，大拇指按住刀柄的侧边，掌心空握。除非遇到切不断的食物，否则手掌不可全握在刀背上。除此之外，有些人认为翘小指是优雅的表现，但这其实是错误的。（右图2）

图2

怎样使用叉子？

叉子有两种拿法：一种是叉齿向上，像拿铅笔一样；一种是叉齿向下，用食指压住叉背（约在叉柄的根部），其余四指握住叉柄，像拿刀子一样。（右图3）注意食指放置的位置不可以太接近叉齿，否则不美观；也不可握得太往后，否则会不好施力。

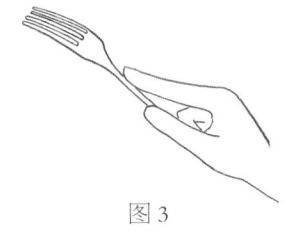

图3

怎样使用汤匙？

以拿铅笔的方式拿汤匙，手指不可太靠近汤匙柄根部，也不可以用拿刀的方式握汤匙。（右图4）

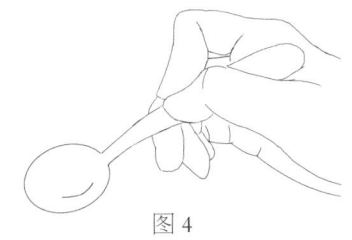

图4

刀叉的摆放方式有讲究吗？

刀叉有两种摆放方式。

中途休息时

用餐到一半时，如要临时离席或是暂停用餐，要以八字形的方式将刀叉摆放在盘子上。（右图）

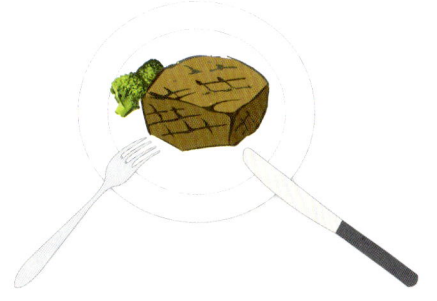

用餐完毕后

用餐完毕后，将叉子的叉齿朝上、刀口朝向盘内并排放在盘上，并将握柄朝右摆放，与桌缘约成30度。这时服务人员看到就会将餐具收走。（左图）

怎样摆放餐巾？

坐定后，可将餐巾折成长方形或三角形平放在大腿上，并将折痕朝自己摆放。

餐巾的主要用途是什么？

餐巾是用来擦手或擦嘴的，但在擦拭嘴巴时，要用餐巾四角内侧轻轻按压嘴唇。另外，不可将餐巾拿来擦脸或是擦汗，更不能将餐巾像围兜兜一样挂在胸前。

离席时应怎样摆放餐巾？

暂时离席和用餐完毕离席有不同的摆放方式。

暂时离席

暂时离席时，要将餐巾放在椅背或是把手上。（右图）

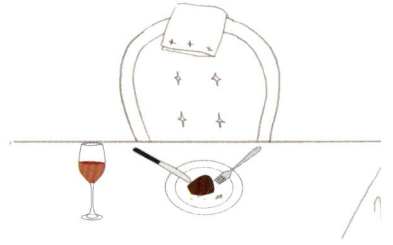

用餐完毕

用餐完毕后，要将餐巾折好放置在桌子的左边，或是用盘子或刀子压住餐巾的一角，让餐巾从桌子上垂下来。（左图）

怎样使用杯子？

餐桌上一般会摆放水杯、红酒杯和白酒杯，在喝不同种类的饮品时，要使用相对应的杯子，不要混用，以免影响饮品的味道。

第一章 | 餐桌礼仪

杯子种类

葡萄酒杯

红酒杯　　白酒杯　　香槟杯

调酒用杯

鸡尾酒杯　　高飞球杯　　柯林杯

烈酒及甜酒用杯

一口杯　　古典杯　　甜酒杯　　白兰地酒杯

握杯方式

葡萄酒杯

握住杯脚

鸡尾酒杯

握住杯脚

古典杯

手持底部

白兰地酒杯

用手托住杯身

柯林杯

握住较细的地方

饮食

食用要切块的食物时该怎么做？

切食物时，须由左往右切，先以叉子固定食物一端，再以刀子切下适合入口的大小，切记不可全部切完后再食用。

第一章 | 餐桌礼仪

怎样喝汤？

可先将汤里面的食材吃完后再喝汤。喝汤时，如果是用有把手的汤碗，可以直接端起来饮用，如果汤碗没有把手，则要用汤匙由内向外舀汤，再送入口中（左下图）。如果最后剩下一些汤，可将汤碗稍微倾斜，再用汤匙舀起（右下图）。

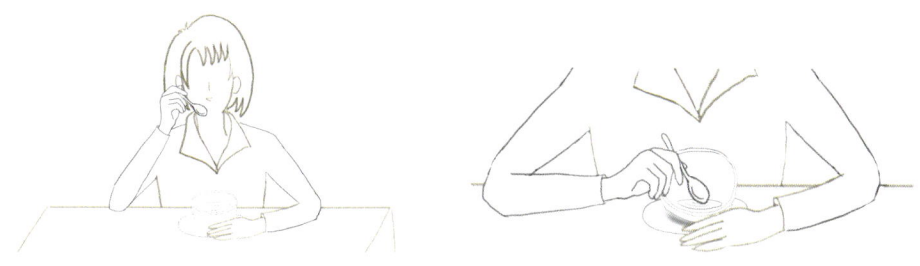

西式餐点的上菜顺序是什么？

开胃菜→沙拉→汤→面包→主餐→甜点→水果→饮品

食用不同餐点时要注意什么?

开胃菜：小三明治、小饼干等较小的食物可用手拿起食用，其余则可用刀叉取用。

沙拉：须使用刀叉，如果遇到较大的蔬菜，可在沙拉盘上将其切割成易入口的大小。

汤：若以汤匙舀汤，可将汤匙底部在汤碗边轻擦一下，避免汤汁掉落。汤匙不宜舀得太满。
不可将汤吹凉，或是用汤匙在碗内搅拌。
喝第一口汤时一定要品尝原味，以表示对厨师的敬意，之后才可依喜好加入调味料。

主餐：如果肉带骨头，要将骨头与肉分离后才可食用。
如果是一串食物，须将肉从串肉工具上取下后才可食用。
如果是带壳海鲜，要用刀叉去壳后，才可食用。
在吃鱼时，如果已将上层肉吃完，要先将鱼骨去掉，再食用下层肉，不可将鱼直接翻面。

面包：要将面包撕成小块食用，不可直接用嘴咬。

甜点：吃派及切片蛋糕时，须使用刀叉；吃布丁、果冻等甜品时，须使用甜点专用的汤匙。

水果：食用须去皮的水果（如西瓜、香蕉、葡萄等）时要先用刀叉去皮，再切成易入口的大小食用。

饮品：可视个人喜好加入糖、奶精或牛奶后用小汤匙轻轻搅拌。

第一章 | 餐桌礼仪

餐前酒、餐中酒、餐后酒有什么区别？

餐前酒、餐中酒、餐后酒就如同它们的名字，在一餐之中的饮用时间有所不同，可选择的酒也不同。

类别	用途	酒类
餐前酒	增加食欲	以口味清淡的酒为主
餐中酒	搭配主餐	以葡萄酒为主。红肉搭配在室温下放置的红葡萄酒；白肉搭配冰镇的白葡萄酒
餐后酒	助兴或消除油腻	以较浓烈的酒为主

礼仪

主人应如何迎宾？

如果邀请的是一般宾客，可以派人到门口迎接宾客到宴客厅；如果是地位较高的宾客，主人应到门口接待；如果是总理、元首莅临，主人应在他们车子尚未抵达前就到门口等待。

进入宴会现场后有什么要注意的用餐礼仪？

进入餐厅前

如果自己不是主宾，不要到得太晚，以免让主人及宾客等待。
外套、帽子、围巾等衣物可在门口脱下后交由主人或服务生处理。
在进入宴会厅之前，应先去洗手间，尽量避免进餐时离座。

进入餐厅

进入餐厅时,要由服务生带位,不可看到空位就自行坐下。
如果携伴参加,男士须帮女士拉开座椅,待她们坐下后男士才可入座。
女士入座后,不可将包放在桌上,要放在椅子上或身后。

入座后

主人先打开餐巾,象征开始用餐,宾客要在主人打开餐巾后才可打开餐巾。
不可将手肘靠在桌上,或是托腮。

点餐

主人邀请宾客点餐时,宾客不宜推辞也不可点最贵的菜肴,如果不知该点什么,可以询问服务生。

上菜

主人须关注宾客是否都拿到餐点。

用餐过程

如果需要取东西,不可伸手越过邻座宾客去拿取,要请邻座的宾客递给自己。
如果吃面食类的餐点,要用叉子将面条卷起,再以汤匙辅助食用。
比萨要用刀叉切成小块后食用,不可直接拿起来吃。
用餐时,如果餐具不小心掉落,要请服务生重新提供一套新的,不可弯下腰捡起后继续用。
进食的速度不可太快也不可太慢,要配合主人和其他宾客。
西方饮酒习惯是独自品尝,不劝酒。如果接待外宾,不建议勉强外宾干杯。

用餐中的服务

上菜时,要先送上宾客的餐点,最后送上主人的。

在用餐过程中,如果需要服务生,可用眼神或举手示意,不可大声喊叫。

个人仪态

口中有食物时不可讲话,以免将口中的食物喷出。

和宾客聊天时,如果不小心在他们进食时发问,要表达歉意,而宾客一般会等到将口中食物咽下后,才会回答问题。

用餐过程中不可发出怪声,如果不小心发出怪声或做出不雅动作,要立即向同桌的宾客道歉。

如果要吐籽或是骨头,不可以直接吐在桌上,可吐在盘子里或用纸包起。

女性要整理仪容或补妆时,要进洗手间,不可直接在其他宾客前进行。

不可在餐桌上剔牙,如有需要应到洗手间处理。

送客

主宾要代表所有的宾客感谢主人的宴请,宾客要等主宾起身后才可起身。

主宾尚未离席前,陪宾不可先离席或告辞。

4 中餐礼仪——细说圆桌上的礼节

你知道筷子不能插在饭上吗？你知道盘子的用途吗？
你知道在转旋转桌时有什么注意事项吗？
中餐礼仪有许多细节和禁忌，本节全部告诉你！

餐具

应如何摆设放餐具？

中餐的餐具包含筷子、筷架、汤匙、碗、调味用碟子等，它们的摆放规则如下：

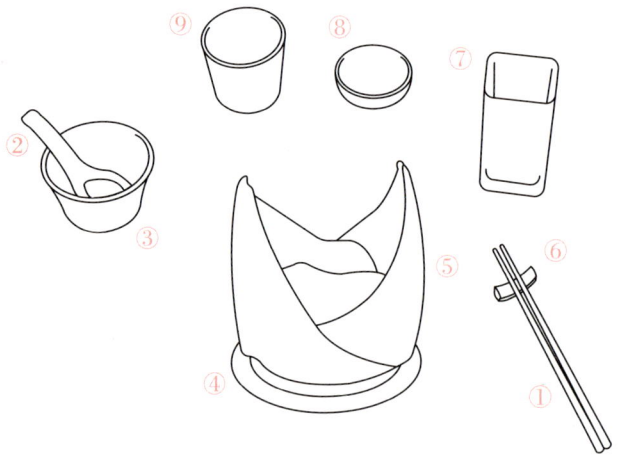

① 筷子
② 汤匙
③ 碗
④ 餐盘
⑤ 餐巾
⑥ 筷架
⑦ 饮料杯
⑧ 调味用小碟子
⑨ 茶杯

使用筷子有什么注意事项？

不可用筷子敲碗，因为古时乞丐行乞时会以敲碗方式吸引他人注意。

不可乱转筷子。

不可用筷子指着别人，因为这样代表指着人骂。

不可用筷子翻弄菜肴，这会让人觉得没有家教。

如有提供公筷，要用公筷夹取菜肴，不要用自己的筷子夹取。

不可以将筷子含在嘴里，也不可用筷子剔牙。

在与他人谈话时，不可以挥舞筷子，以免伤到他人。

不用筷子时要将它放在哪里？

筷子不用时要放在筷架上，不可插在饭里或放置在碗上。

为什么不能将筷子插在饭上？

因碗的形状像香炉，所以将筷子插在饭里称为"上香"，通常是祭拜死者才会有的举动。

使用汤匙有什么注意事项？

如果是用来辅助筷子拿取食物，应左手拿汤匙，右手拿筷子；如果要使用汤匙舀汤，要用右手拿汤匙，由外向内舀取汤品。

使用碗有什么注意事项？

碗分为饭碗和汤碗。拿碗时，要以大拇指轻握碗的边缘，其他手指放在碗底支撑整个碗的重量，不可以用整个手掌托碗。

不可用口就碗，趴在桌上吃饭，一定要将碗拿起来。另外，在喝汤时，应将碗放在桌上，用汤匙由外向内舀起汤送到嘴边。

使用盘子有什么注意事项？

盘子是用来放骨头或是菜渣的，如果我们的盘子满了，可请服务员更换。

使用杯子有什么注意事项？

杯子分为茶杯和水杯。茶杯多以陶瓷制成，用来盛热茶；水杯主要是盛水或果汁用，切记不可以拿来盛酒。

使用旋转桌有什么注意事项？

要以顺时针的方向转动，且在转动桌子时，要注意其他宾客有没有在夹菜，不要打断他人进食。

饮食

中式餐点的上菜顺序是什么？

冷盘→热炒→肉类或海鲜→鱼→甜点。

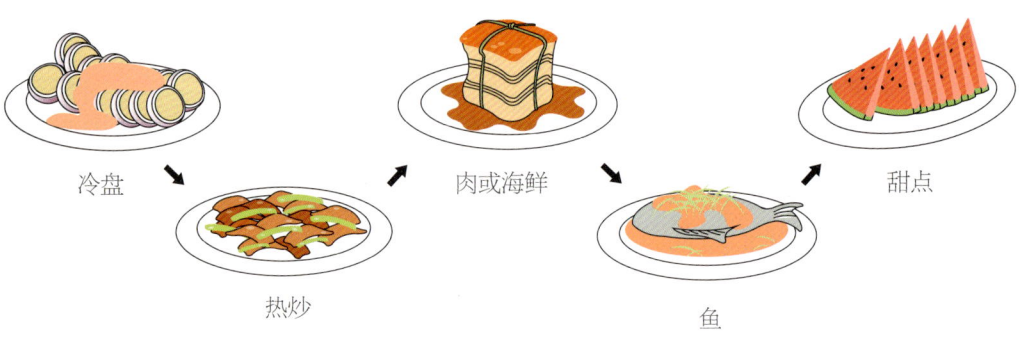

冷盘 → 热炒 → 肉或海鲜 → 鱼 → 甜点

礼仪

怎样为他人斟酒？

要站在对方的右侧为其斟酒。

5 欧式自助餐不难懂

吃自助餐虽然轻松，但是礼仪仍不可失。如何优雅地取餐、进食？从穿着到离席的细节，本节全部告诉你。

什么是欧式自助餐？

欧式自助餐是指在餐厅的餐台上准备好各式冷、热餐点，以及饮品、甜点等，宾客可以随意取用，气氛比较轻松自在的饮食方式。

可以穿着很休闲的衣服吗？

虽然欧式自助餐的气氛较轻松，但仍不可穿牛仔裤、短裤及布鞋等较不正式的服装，宾客可以选择穿着较休闲的洋装参加宴会。

夹取食物时要注意什么？

在取餐时要用公筷和公用夹，不可以用私人的餐具取餐。

取餐时不可以翻弄食物，以免影响菜色的美观。

夹起或是已放入餐盘内的食物，不可以再放回公用盘内。

餐盘不可重复使用，再次取餐时，要用新餐盘盛食物。

建议将冷、甜、咸的食物分开夹取，或盛至不同盘子，以免影响食物的味道。

取用饮品时，可以用餐巾包住杯身，以免溅出时弄脏衣服。

适量夹取食物，吃完后再取下一盘，以免浪费。

用餐时有什么注意事项？

不可以站在餐点前进餐，也不可以边走边吃，要回到座位才可以用餐。

用餐后要注意什么事情？

空餐盘不可以堆叠摆放，应请服务生及时收走。

第二章
穿着礼仪 | 细节塑造影响力

Dress Appearance Etiquette

1 | 选衣之前你要了解的事
2 | 男士的服饰礼仪
3 | 女士的服饰礼仪
4 | 个人仪态知多少
5 | 仪容打理

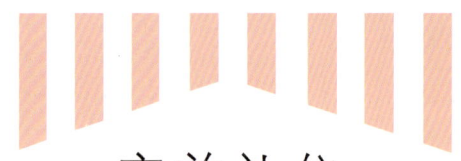

穿着礼仪
Dress Appearance Etiquette

1 选衣之前你要了解的事

在穿着的选择上，要符合身份地位、时机以及场合，要让人觉得你重视今天的见面和邀请你的主人。

穿衣的基本原则是什么？

服装穿着礼仪有"T.O.P"原则，就是"时间、身份、场合"三原则。

POSITION 身份
地位、身份、职位
根据自己的身份、职位、年龄等因素选择适宜的衣服。

T.O.P 原则

OCCASION 场合
场合、地点、时机
依照正式宴会、上班、一般聚会等不同场合选择衣服，也就是在不同环境里要有不同的打扮。

TIME 时间
时间、季节
要根据时间（早、中、晚）和季节（春、夏、秋、冬）的不同来选择衣服的材料和颜色。

穿着的配色方法是什么？

配色的原则有三种，即同色、相似色、对比色的搭配原则。

同色搭配

选择相同或相近的颜色，并运用明暗、深浅的颜色变化，形成有层次感的搭配，达到稳重的感觉。

相似色搭配

色彩学中，色相环中相邻的颜色称为相似色。选择相似色的衣服搭配，不会让穿着显得突兀，又会因色彩变化显得灵动。

对比色搭配

选择两种对立的颜色来搭配衣服，或是选择一个主色，再用其对比色装饰，这样较不容易出错，还能使自己显得出挑，容易被注意到。

什么样的穿着是不正式的？

首先，我们要知道"三点不露"原则。

其次，牛仔裤与奇装异服（如小可爱服饰）都是不正式的。

选择衣服时要考虑哪些因素？

要考虑穿衣者的年龄、体形、肤色、性格和职业等因素，但最重要的是整齐、干净，并让对方感受到自己的重视和对他和这次活动的尊重。

穿着礼仪还包含哪些方面？

穿着礼仪包含服装、配件与仪态。除了服饰外，容貌、谈吐、仪表、风度等都会影响个人的气质及形象，因此，我们除了穿着要得体，也要注意自己的仪态。

穿着礼仪等于流行时尚吗？

不等于。所谓的穿着礼仪是依照"T.O.P"原则搭配衣服，体现出我们重视出席的场合及主人的邀请，而流行时尚较偏向个人风格。我们在挑选衣服时，要依地位、时间、场合选择，才不会显得突兀，时尚的单品有时会不够正式。

2 男士的服饰礼仪

男士的服饰有典礼礼服、一般服装、轻便服装之分,依据不同的时间、地点、场合选择适当的服饰才不会失礼。

男士典礼礼服分为哪几种?

典礼礼服主要有大礼服、早礼服及小晚礼服,不同的典礼礼服有不同的穿着时间和地点。在现今的社交场合中,大礼服和早礼服已经不常见。

大礼服

又称燕尾服,通常在参加晚间最正式的场合时穿,如国宴、演奏会、隆重晚宴等。

大礼服(右图)的上衣多为黑色或是深蓝色,上装前摆须齐平剪齐,后摆则为燕尾形,故称为燕尾服。衬衫为硬胸式或百叶式衬衫。穿着者要戴白色棉手套,打白色领结,穿黑色丝袜和黑色漆皮皮鞋。以前还要戴高圆筒帽,现因时代的关系,已无人再戴。

早礼服

早礼服是日间拜访宾客时穿着的正式礼服,常用于日间宴会、婚丧典礼、呈递国书等正式的场合。

正式的早礼服(左图)上装须与膝盖齐长,颜色可为灰色或黑色,衬衫为软胸式或软领衬衫。背心的选择依照上装颜色而定,如果上装是灰色,背心则选择黑色;如果上装是黑色,背心则选择灰色。裤子要穿灰色柳条裤,领带要选择斜条纹的(黑白相间或银灰色相间)。穿着者还要戴灰色羊皮手套,穿黑色丝袜和黑色皮鞋。如果要戴帽子,须为灰色高帽或是黑色缎子硬质高帽。

小晚礼服

为半正式服装，是晚上正式宴会时最常穿的礼服，也是各式礼服中最常使用的。

小晚礼服（右图）的上装通常是黑色，夏季可选白色，裤子皆为黑色，衬衫为白色硬胸式或百叶式，须搭配黑色领结、白色手套、黑色袜子。

男士的一般服装是什么？

通常是西服，多为参加商务活动、拜访他人、开会等工作上的场合或是参加社交活动时的穿着。

西服上装和长裤要同色、同材料，颜色以深色为主，夏天可以穿浅色西服，但不建议在正式场合穿。皮鞋和袜子的颜色要与上装颜色搭配，如穿着深色西服，应搭配深色的皮鞋和袜子，不建议用深色皮鞋搭配白色、米色等浅色的袜子。

邀请函上的服装规定写"便服"时，应如何挑选服装？

仍要穿西服，而非休闲服装。以前，人们在正式典礼时都要穿礼服，而一般聚会和办公时就穿西服，"便服"的意思由此而来。因很多人会将"便服"与"休闲服"混淆，所以有些邀请函会直接在服装栏上写"西服"。

西服的扣子应怎么扣？

扣子数量	方法
单颗扣	要扣
两颗扣	扣第一颗扣子
三颗扣	扣第一颗或前两颗扣子

第二章 | 穿着礼仪

穿着西服还有其他注意事项吗？

坐下的时候，可以松开扣子，但站起来时必须扣上。皮带应保持在肚脐的位置。

西服的口袋不可以装杂物。

领带的长度不可超过皮带扣环的下缘，领带夹的位置在衬衫的第三、四颗扣子之间。

领结的位置应在中间，不可以歪斜。

轻便服装什么时候穿？

可在较休闲的社交场合穿，可以选择休闲长裤、衬衫、皮鞋或休闲鞋，但不可穿运动鞋。

怎么打领带？

领带有很多种打法，不同打法可呈现出不同的领结。

单结

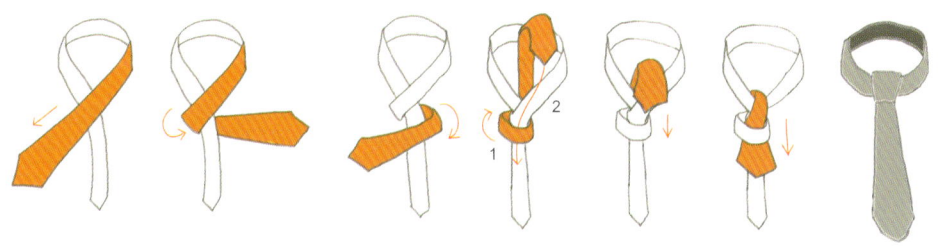

单结是领带结的古典形式，也是最常用的一种结法，打结和解结都非常容易，适合搭配几乎所有种类的衬衫。

交叉结

交叉结对于单色、素雅材质、较薄的领带比较合适，喜欢追求时尚的男士可以尝试。

双环结

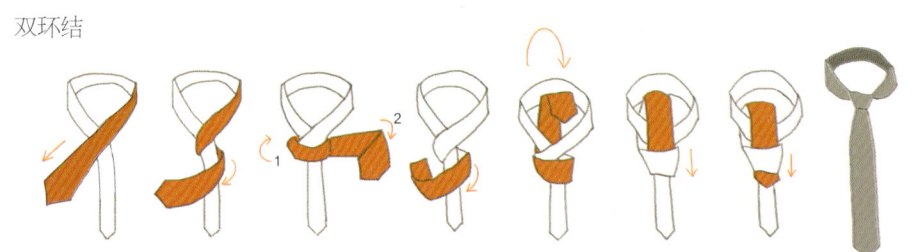

双环结适合年轻的上班族选用，适合材质细腻的领带，打完结后，让第1个结稍微露出一点更好看。

浪漫结

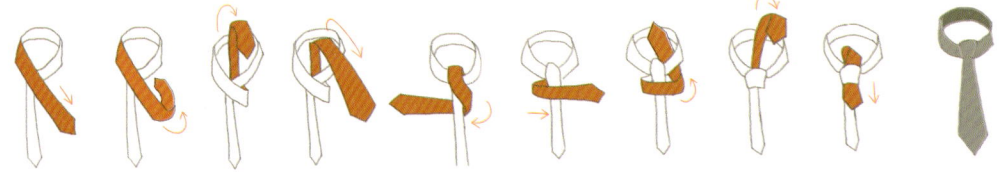

浪漫结是完美的结型，适合各种浪漫系列的衬衫领口。

温莎结

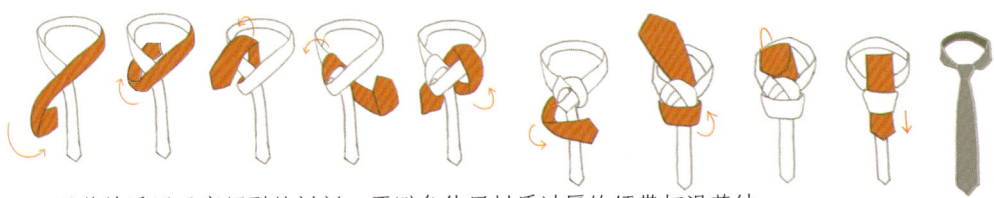

温莎结适用于宽领型的衬衫，要避免使用材质过厚的领带打温莎结。

3 女士的服饰礼仪

女士的穿着选择及配饰比男士多，因此穿搭的分寸就更难拿捏。
本节会从衣着到配饰一一讲解，让你优雅出门，不失礼！

应穿什么衣服出席正式场合？

可依照不同场合穿着旗袍、礼服、套装等。比如，白天可以穿短旗袍，晚上可穿长旗袍或是长礼服，再搭配披肩，增加整体美感。

搭配衣服的原则是什么？

衣服搭配的好坏以个人主观审美为主，但基本的原则如下：

不要穿太过抢眼的服装，如大红大绿、装饰过多亮片的服装；

服装的配色以深浅搭配为主，如果上装是深色的，下装就应该搭配浅色的。

女士着装应以套装、晚礼服、洋装等服装为主，不要佩戴过多珠宝首饰。

在办公室时应如何搭配衣服？

可穿着套装或是衬衫，搭配及膝裙、裤装，鞋子建议穿有跟的，以简单高雅的款式为主。办公室是较保守的环境，不建议穿着过于高调。但由于每家公司风格不同，有些公司会允许员工穿着较休闲的衣服，所以也可依公司规定穿搭。

出席正式场合时要化妆吗？

一定要化妆。化妆是出席正式场合的基本礼仪，但妆发不宜过度夸张，佩戴的饰品也不宜过多，否则会显得俗气。

怎么选择饰品？

饰品包含手表、手环、项链、耳环、胸针等，如果不知道怎么搭配，就选择简单高雅的款式，这样不会造成喧宾夺主的情况。

怎么选择鞋子？

女性的鞋子款式很多，但正式场合不能穿平底鞋、凉鞋、马靴及露脚趾的高跟鞋。

戴帽子的注意事项有哪些？

白天的聚会都可以戴帽子，并且在欧美地区，女性戴帽子的风气很盛。帽子包含针织帽、草帽等，选择与衣服搭配的款式即可。参加园游会时，除了戴帽子，还可搭配阳伞。但要注意，握手及行礼时要摘掉帽子。

香水分哪几类？

香水依浓度不同分为古龙水、淡香水、淡香精与香精，其浓度依次增高。

怎么使用香水？

要依照香水类型和浓度的不同来决定，浓度越低，可喷洒的范围越广。古龙水可以以"面"的方式喷洒；香水则要以"线"的方式喷洒；香精要以"点"的方式喷洒，也就是用轻点或按压的方式沾抹。

使用香水时的注意事项有哪些？

擦香水的时候不可以摩擦，否则会影响香水的味道；

探病、参加告别式等较沉重的场合时不宜喷香水。

女士不可以在公众场合补喷香水，这和补妆的原则一样。

香水和汗水混合后容易散发异味，所以在喷洒香水之前要先擦干汗水。

怎么选择香水？

要根据要去的场合喷洒不同浓度的香水。

浓香水

参加晚宴时可喷洒较浓的香水,但如果是午宴,则建议喷洒淡香水。

淡香水

场合	注意事项
空气循环不好的空间	不能使用太刺鼻的香水,以免影响他人
多人进餐时	不能使用太浓烈的香水,以免影响食物的味道
正式会议	不能喷洒太多,以免分散他人注意力,并给人不端庄之感

可以在什么位置喷洒香水?

最好的位置是耳后、颈部、手肘内侧、手腕、膝后、脚踝,再就是胸前和腹部。(右图)

皮肤过敏者可以喷洒香水吗?

皮肤易过敏的人可以将香水喷洒在内衣或是衣领内侧,不建议直接将香水喷洒在皮肤上。

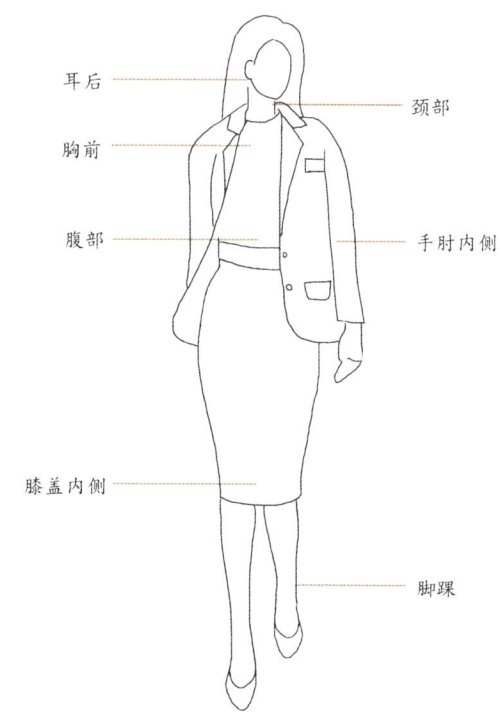

4 个人仪态知多少

仪态包含站姿、坐姿、蹲姿和鞠躬姿势等。美好的仪态，可以与服饰相辅相成、相得益彰，使你成为一个优雅的人。

站姿

标准站姿怎么做？

标准的站姿为：两眼直视前方，脖颈挺直，下巴微收，抬头挺胸，收小腹；双肩齐高，双臂自然下垂，中指贴裤缝；膝盖伸直，双脚跟和脚尖并拢，身体重心落在两腿的中间。（右图）但是男士和女士的站姿有点差异。

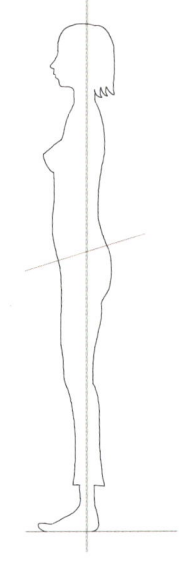

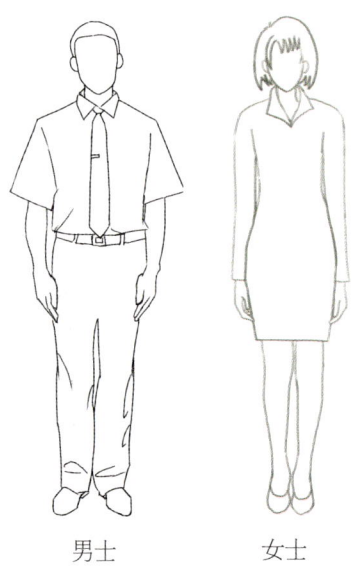

男士　　女士

男士

双脚和肩膀同宽，双肩平直，脚掌分开呈V字形，膝盖并拢，身体要挺直。（左图）

女士

两脚跟、脚尖、膝盖都要并拢。注意肌肉不可过度紧绷，可以适时变换姿势，避免体态僵硬。（左图）

哪些是错误的站姿？

站姿不当，除了会让体态不优美之外，也有可能让旁人对你的印象不佳，以下列举几个错误的站姿：

图一　弯腰驼背，头向前伸。
图二　身体歪斜，站姿不正，如膝盖弯曲、高低肩。
图三　双手抱在胸前或脑后，双手叉腰或是插在衣服口袋里。
图四　三七步。

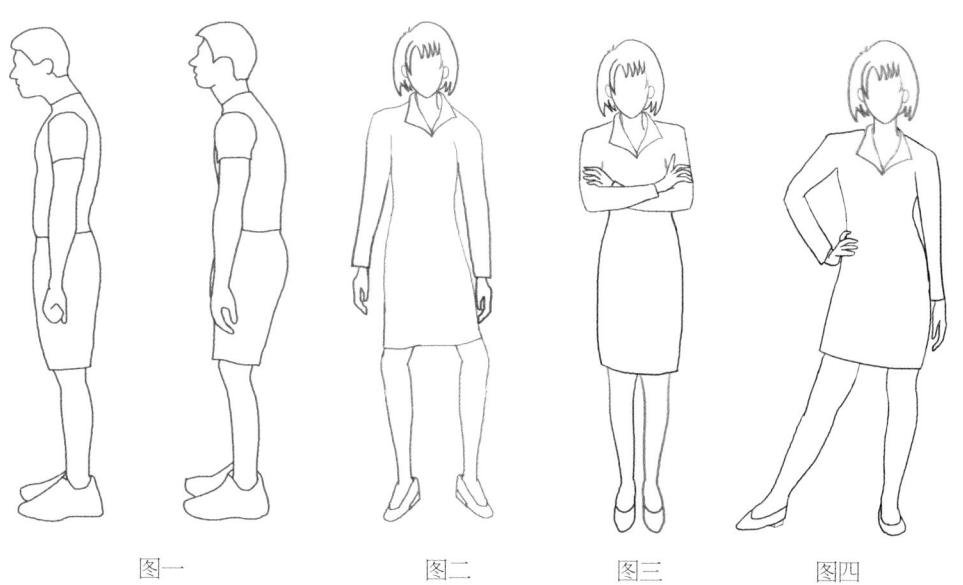

图一　　　　图二　　　　图三　　　　图四

如何训练标准站姿？

将后脑勺、肩膀、臀部、小腿、脚跟紧贴在墙壁上，让身体呈一条直线，挺胸抬头，保持这个动作。如果要训练腿部的控制能力，可以在大腿间夹一张纸；如果要训练头部的控制能力，可以在头上顶一本书，并努力维持书的稳定。

坐姿

坐下时需要注意什么？

坐下时要注意姿势、动作是否优雅：

要从椅子的左后侧走到座位前轻坐；

女性如果穿了裙装，要先理顺裙子后才能坐下，不可以坐下后再整理服装；

只坐椅子的三分之二；

坐下后，双眼直视前方，下巴微收，两肩平行，上半身自然挺直，手臂自然摆放在扶手或是椅子上。

女性的标准坐姿是怎样的？

女性坐下后，要将双脚前后放，并将双腿并拢斜放。如果双腿斜向左方，要将

第二章 | 穿着礼仪

右脚收在左脚后；反之，左脚在右脚后。这样的摆放方式可以展现双腿的线条，并在视觉上延伸双腿的长度。

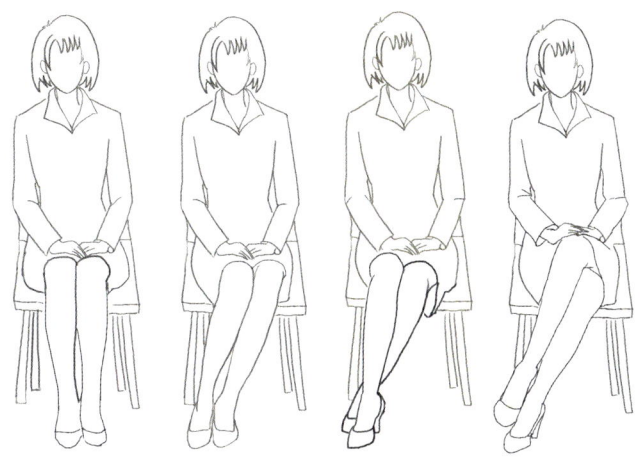

错误的女性坐姿有哪些？

坐姿不当，除了会给气质减分，还有可能让旁人觉得不雅观，下面列举几个错误坐姿：

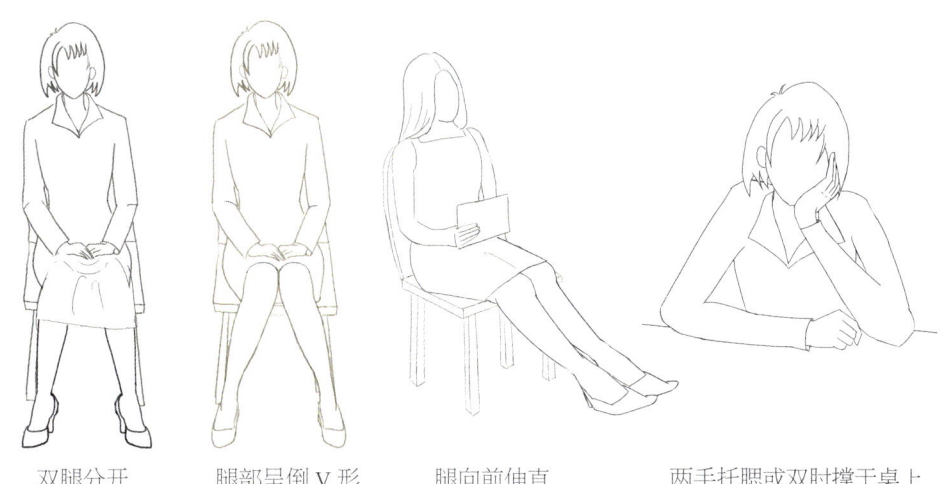

双腿分开　　腿部呈倒 V 形　　腿向前伸直　　两手托腮或双肘撑于桌上

男性的标准坐姿是怎样的？

男性在入座后，双脚要平踏地面，膝盖略分开（距离约为一个拳头宽或是与肩同宽），并将手放于膝盖上方。如果穿西装外套，应在坐下时解开纽扣，起身时，再将纽扣扣回。

男性可以跷"二郎腿"吗？

一般的场合可以跷脚，欧美国家的男性在跷脚坐时，是将小腿放在另外一条腿的膝盖上，大腿间会有缝隙。但要注意，脚不可以抬得过高，不能让身旁的宾客看到鞋底，因为这是不礼貌的举动。

错误的男性坐姿有哪些？

双脚抖动；

弯腰驼背（右图）；

双手托腮或将双肘撑于桌上。

蹲姿

蹲下的要领是什么？

准备蹲下时，要一只脚在前、另一只脚在后，再将两腿向下蹲，前脚全着地，后脚脚尖着地，挺胸抬头，保持优美姿势。

怎样蹲下捡东西？

站在物品右后方，以一脚在前、一脚在后的方式向下蹲，上半身保持挺直，膝盖并拢。穿着低胸套装或裙装的女士，要用手稍微按一下领口或裙子，避免走光。

女性的蹲姿有哪些？

女性的蹲姿有两种，分别是交叉式蹲姿和高低式蹲姿。

交叉式蹲姿

向下蹲时左脚在前面，右脚在后面，也可反方向；
左边的小腿垂直于地面，右边的膝盖由后往前穿过左膝下，并伸向左侧；
将右脚跟抬起，以前脚掌着地；
两腿紧靠以支撑身体；
臀部向下坐，上半身稍微向前倾。

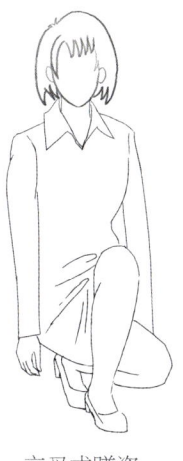

交叉式蹲姿

高低式蹲姿

高低式蹲姿

向下蹲时右脚在前面,左脚稍微向后,也可反方向,双腿紧靠并向下蹲;
右脚着地,左脚跟抬起,前脚掌着地;
右膝高于左膝,并将左膝内侧靠在右边小腿内侧;
臀部向下坐,以左腿支撑身体。

鞠躬

什么时候要鞠躬?

鞠躬是在对他人表示尊敬时的一个礼节,尤其在庄重的场合,人们会用鞠躬向他人表示敬意。

鞠躬一定要 90 度吗?

一般鞠躬为 30 度至 60 度,只有在特殊的场合才会用到 90 度鞠躬。

正确的鞠躬姿势是什么?

女性鞠躬时,双手交叠放在腹前;男性鞠躬时,双手摆放于身体两侧。之后上半身前屈,不要弓背。鞠躬的角度根据不同场合和对象决定。

如果戴了帽子,鞠躬时要脱帽,以免帽子滑落造成尴尬。

5 仪容打理

仪容会影响到一个人的精神和给他人的观感。如何给人留下一个好的第一印象，让人感到舒服呢？这要从自身的仪容打理做起。

如何修整眉形？

整洁有形的眉毛会显得人更有精神。修整眉毛时，主要是将双眉周围的杂毛修掉，也可适度修整眉形，但只在自身眉毛的基础上稍稍改动即可。

睫毛需要修剪吗？

如果睫毛的长度太长，就会自然下垂，使眼睛看起来没有精神，所以可以适度地修剪。

仪容打理细节有哪些？

整洁干净的面容会让他人感到舒服，下面列出几项要注意的仪容细节：

注意眼角有没有眼屎；

注意口腔有没有异味，牙缝间有没有食物残渣；

注意耳朵是否有耳垢堆积；

勤修剪指甲，避免污垢卡在指甲缝中；

鼻子易出油者，要常以吸油纸擦拭，并注意有无鼻毛外露的现象；

鞋子应包起脚趾，不可露出脚趾；

易出汗者，可以在穿衣服前在腋下使用止汗剂。

男士有要特别注意的仪容打理细节吗？

男士要将胡楂刮干净，头发也要梳理整齐，并注意有无头皮屑掉落在外套上。

女士有要特别注意的仪容打理细节吗？

化妆是女士基本的礼仪，但要注意不可当着其他人的面补妆。

女性要如何打理自己的仪容？

粉底建议选择与自己肤色相近的颜色；眼线可选择黑色或咖啡色；腮红与口红两者的色系需搭配应用，腮红建议使用橘红或粉红色，口红则建议使用光泽感较低、有雾面效果的口红。

不同场合要化不同的妆吗？

要，女士的正式妆容理论上分为工作妆和宴会妆两种。工作妆以自然的淡妆为主，因为办公室的光源通常是冷光，所以建议化妆品的色调以大地色系为主；宴会妆的妆感较浓，但需结合当天的服装和个人气质搭配。

第三章
住的礼仪

做个有礼的主人、借宿人

Etiquette for House & Residence

---

1 | 一般居家礼仪
2 | 拜访和待客礼仪
3 | 寄宿和外宿礼仪

住的礼仪
Etiquette for House & Residence

1 一般居家礼仪

居家礼仪除了将居家本身的环境打理整洁外，还要顾及左右邻居以及住所的门面，这都是我们平常会经常遇到的生活礼仪。

居家礼仪包含哪些？

包含居家环境、摆设布置、空间整洁及与人相处四个方面。

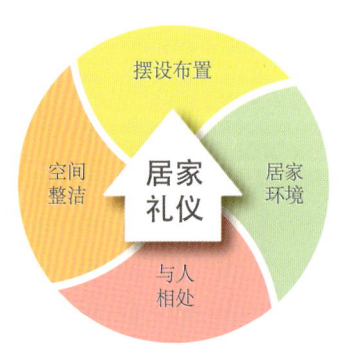

怎样维持典雅的居家环境？

无论是公寓、别墅还是其他居住形式，都应保持居家环境的典雅，让住在里面的人感觉舒适。首先，家中应保持空气流通、光线明亮；其次，如有种植花草，要定期修剪；另外，不可以将垃圾随意放置，以免产生异味。

怎样布置家具等摆设？

每个家庭都有不同的布置方式和风格，不一定要选用名贵的家具，但是要让空间看起来美观且不俗气。家具要保持整洁干净并有序摆放，不可杂乱无章。

为什么要保持空间整洁？

居家空间干净与否会影响到家中气氛，也会影响到客人来家中做客时的感受，我们不可以将家变成藏污纳垢的地方，而应显示出主人勤于打扫的卫生习惯，这也是种礼仪。

怎么与家人和睦相处？

和家人要和睦相处，不论尊卑长幼都要相互尊重。比如，进入他人房间时要敲门，公共物品使用后要放回原位，不偷听他人讲话等。

怎么与邻居和睦相处？

邻里之间要和睦相处，具体要注意的地方如下：

居家时应保持安静，不宜有影响他人的声音出现，如大声唱歌、大声说话或视听娱乐过于嘈杂等；

开关门、移动物品、上下楼梯、走路时都不应太大声，以免影响邻居；

如果家中有小孩，不可以让他们在家中随意跑跳，避免影响他人；

外出时，如遇到邻居要打招呼，不可视而不见；

如果要饲养宠物，要注意是否会造成邻居的困扰或影响邻居的安宁；

拜访邻居时要事先约定时间；

不可以偷听邻居说话或是偷看邻居家中的状况，应尊重他们的隐私权。

居家的注意事项还有哪些？

除了自身居家的环境，还有一些细节要注意，以免让他人产生不舒适的感觉，如：

如果要装修，应选择不会影响他人的时间，不可以选在清晨、晚上及午休时间；

只要步出家门，就要注意自己的仪容，不可过于邋遢。

② 拜访和待客礼仪

拜访他人要注意选时、准时，还要注意自身的仪容，并要准备伴手礼等。

主人要注意待客礼仪，让宾主尽欢。

拜访

去他人家中拜访时需注意什么？

要去他人家中拜访前，一定要先跟对方预约时间，不要贸然拜访，并且要在约定的时间内抵达。拜访当天，要注意自己的仪容并准备伴手礼，不要空手前去。

怎么选择拜访的时间？

拜访他人的时间要尽量避开用餐时段或是休息时段。

拜访时迟到怎么办？

如果是在路途中发生一些临时事故，要先通知主人并告知遇到的状况，再告知预计会抵达的时间。

要先约定离开的时间吗？

客人应事先约定好离开的时间，或是告知主人大约会待多久，以免主人还安排了其他的事情，造成不便。

如何挑选伴手礼？

如果是拜访亲友，要依照亲疏关系选择适当的礼物。如果要拜访外国朋友，要先了解对方的习俗，因为每个国家的文化习惯不同，在选择礼物时要小心，以免触到他人的禁忌。

和主人交谈时，主人突然有电话该如何应对？

客人应稍加回避，且不要向主人询问电话的内容。

还有其他的注意事项吗？

拜访时除了要注意基本礼仪，还要注意一些细节：

大部分家庭进入室内时要脱鞋，如不确定，可在进入室内前先询问，如要换室内拖鞋，要将自己的鞋子放置在鞋柜里，或是将鞋尖朝外摆放在门口两侧；

如果不是工作需要，女性不宜单独拜访男性；

到主人家做客时，如要借用厕所、电话或是其他用品时，要先告知主人；

礼貌上，搬新家后要主动向邻居打招呼，并可以约定时间拜访；

出发时，要将堵车的时间算在内，如果匆匆抵达约定地点，有可能因自己神色慌张或是满头大汗等让他人产生不好的印象。

接待

有客人临时到家中拜访该怎么办？

如家中已事先约好其他客人，要先以已经安排的客人为主，临时来访的客人为次。如果家中没有访客，应接待未预约的客人。

主人该如何选择衣着？

男女主人的衣着不可以太随便，尤其是接待正式拜会的客人时，不可穿着太过休闲，以免让客人觉得不受主人重视。

家里有客人时，其他家人要出来打招呼吗？

如果家里有客人，其他在家中的家人都要出来打招呼，而主人要向客人介绍自己的家人。

主人一定要送客吗？

礼貌上，主人要送客人到门口，而客人应在门口请主人留步，不用再送。如果在做客时有长辈过来打招呼，客人在离去时也要跟长辈道别。

3 寄宿和外宿礼仪

寄宿或外宿时，难免有很多不便的地方，但是住在亲友家、饭店等地方时，仍要注意不要做出影响他人的举动，以免让他人不舒服。

寄宿

住在亲友家时，要配合他们的作息时间吗？

应尽量配合主人和其家人的作息时间，如果要晚归，须先通知主人或是邻居，不要让主人等待自己回去。

如何进入寄住家庭？

在进入寄住家庭时，应该先大声打招呼或是按门铃，不可以擅自闯入。

要借用主人家东西或是场地时该怎么办？

要先询问主人是否愿意借该样东西或场地，不可以自己取用。

其他的寄宿注意事项有哪些？

寄宿在他人家时，要记住这个家不是自己的家，所以就算主人对我们说"当自己家"时，也不能太过随便，在一些细节上也不可忽视，具体如下：

不宜借主人家电话打长途，或是借用主人家的空间宴客；

在离开寄宿家庭时，要将卧室、厕所等使用过的空间打扫干净，恢复原状。

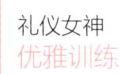

外宿

可以在旅馆的公共空间内聊天或是使用公用娱乐设施吗？

可以聊天，但是要注意音量，不可大声喧哗或是高声阔谈。在使用娱乐设施时也要注意音量，以免影响他人。

短时间出房间时可以穿睡衣吗？

只要踏出房门，就要注意自己的仪态和服饰，不可以穿着睡衣或是拖鞋在外面走动或和其他房客聊天。睡袍是比较私密的衣服，不可穿出门。

旅馆内提供的浴巾、毛巾、浴袍等可以带出旅馆吗？

不可以。如果真的喜欢该旅馆提供的用品，可以向柜台询问可不可以购买，不能随意带走。

在自己的房间内可以大声喧哗吗？

每家旅馆的隔音效果不同，有可能遇到房间隔音效果不好的旅馆，所以在自己的房间内也不宜大声喧哗。另外，如要谈较私密的事情，更不宜大声，以免隔墙有耳。

带小孩外宿旅馆时要注意什么事情？

带着小孩外宿旅馆，要注意小孩有没有在公共场合追逐奔跑或大声喧闹，如果有，就要适时阻止，以免给他人造成困扰。

要给服务人员小费吗？

在国外，服务人员若提供了帮拿行李、送餐等服务，礼貌上要给予小费。

外宿旅馆的注意事项还有哪些？

外宿旅馆除了要注意安全，还有一些寻找住所和住宿的细节要注意，如下：

要事先预订房间，且要和旅馆明确停留天数，以免到当地后没有床位；

预订房间不要只看价钱，要先观察旅馆附近环境是否安全，治安是否良好。

退房时间旅馆都有规定，如果不续住，要准时办理退房手续，以免造成旅馆清洁上的困扰。

在洗澡时，如果洗澡间有浴帘，要将浴帘拉上，并将浴帘尾端放置在浴缸内，避免溅湿地板。

第四章

出行礼仪 | 遵守规则、提高修养

Courtesies on the Road

---

1 | 行走、走楼梯、乘坐电梯的礼仪

2 | 乘车礼仪

3 | 搭乘其他公共交通工具的礼仪

出行礼仪
Courtesies on the Road

1 行走、走楼梯、乘坐电梯的礼仪

> 走路、走楼梯、乘坐电梯也有尊卑原则，只要在进退之间展现出得当的礼仪，就能展示出我们的良好教养。

行走

行走时有要遵守的基本原则吗？

一般以"前尊、后卑，右大、左小"为原则，当领导跟下属走在一起时，下属通常会绕到领导的左后方，如果要和领导对话，可以快步走到领导的左边。注意不要站在领导的右边行走，这是不礼貌的行为。

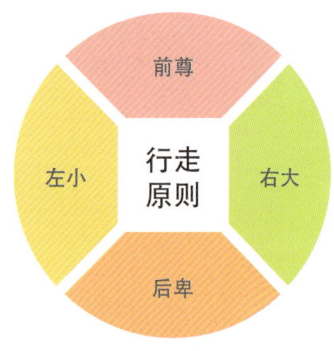

第四章　出行礼仪

端庄的行走姿势是怎样的？

男性走路时应将双手摆放在双腿外侧，膝盖微微分开，双手随着步伐自然摆动。女性走路姿势与男性大致相同，唯一不同的是行进时要将膝盖并拢，不可分开。

男女一起行走时应怎样站位？

男士要走在女士的外侧，也就是靠马路的那一侧，以保护女士并显示对女士的尊重。如果有两位男士与一位女士同行，则女士应走在两位男士中间，这样女士说话时，两位男士都可以听到。

三个人行走时要怎样站位？

如果是三个人并排走路，以左边最小，右边第二大，中间为尊位。如果是三人前后行走，则以前面为最尊位，中间为第二大，最后为末位。

改变行走方向时须注意什么？

行走过程中如果需要临时改变方向，要先看自己的身后有没有人，确定没有人后，才可以变换行走方向。如果仍不小心撞到人，要向对方道歉。

怎样引导访客？

引导访客时要走在访客的左前方并配合其行走速度，也可随时讲解。

开门时须注意什么？

不管是推还是拉，如果身后有人，我们要帮他扶住门，先礼让后面的人通过，自己随后。

进入房间时一定要敲门吗？

一定要，尤其是进入办公室等场所时，即使门是开着的，也要敲门，以告知房间内的人有人要进入或是有访客到来。

关门时须注意什么？

关门时要注意手不能离开把手，一直到将门关上后才可以将手放开，突然放开把手有可能会伤到他人。

在路边叫出租车时须注意什么？

要注意上、下车的地点会不会妨碍他人，不要影响车辆行进或是其他行人的安全。

走楼梯

上下楼梯时须注意什么？

上楼梯：女士在前，男士在后；长者在前，幼者在后。

下楼梯：男士在前，女士在后；幼者在前，长者在后。这么做主要是为保护后者的安全，并表示尊重。

乘坐电梯

谁先走进电梯？

要先礼让领导、长者和女士进入电梯，手要稍微扶住电梯门，以免电梯门关上。如果是同样辈分的人，就不用相互礼让，先到先进即可。

电梯将要满载时应怎么办？

电梯将要满载时要优先礼让宾客进入，如果超载则陪宾客一起等待下一班电梯。

进入电梯后怎么站？

进入电梯后，要转向电梯门，与他人侧身排列，不要与他人面对面站立或背对站立。

乘坐电梯还有其他注意事项吗？

因为电梯是密闭式空间，所以在电梯内不适宜大声说话，也不可抽烟，以免影响他人。

2 乘车礼仪

乘车时的坐位是需要注意的一个方面，有尊位和末位之分，千万不要把主人或是亲友当成司机哦。

轿车

有司机开车时如何分配座位？

后排右侧为尊位，左侧为次位，中间为第三位，副驾驶座为末位。副驾驶座上的人要帮主人或主宾开车门。若除司机外只有3人乘车，则后排仅坐两人即可。

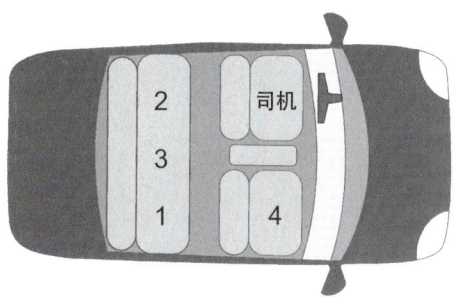

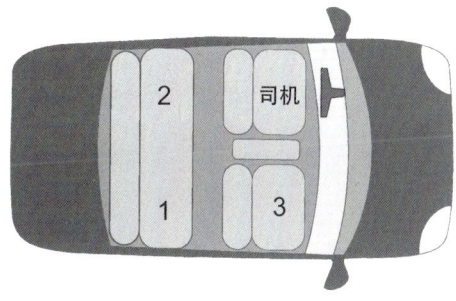

主人开车时如何分配座位？

当主人开车时，副驾驶座为尊位，可将主宾安排在此。右后方为次位，左后方为第三位，中间为最末位。

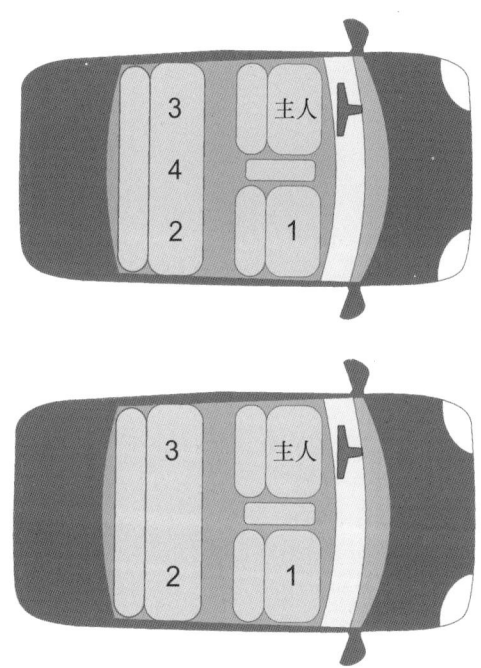

副驾驶座一定要有人吗？

只有司机开车的时候，副驾驶座可以没人坐。如果是亲友、领导等人开车，自己却坐在后座，就是将开车的人当作司机，这是非常不礼貌的，也会使驾驶者觉得自己不被尊重。

男女主人和主宾夫妇都上车时如何分配座位？

通常会由男主人开车，女主人坐在副驾驶座，男主宾坐在右后方，女主宾坐在左后方。

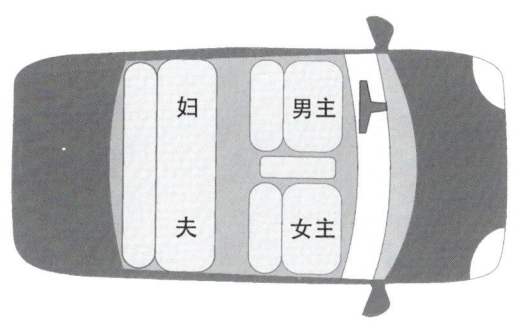

主人开车载主宾夫妇时如何分配座位？

男主宾要坐在副驾驶座，女主宾要坐在右后方。

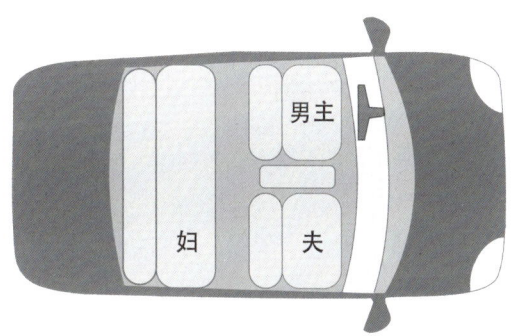

如果主宾中途下车，后座的宾客要往前坐吗？

如果是主人开车，而主宾中途下车，那后座的宾客就要往前坐，以免将主人当作司机。

两位宾客同坐司机开的车时，应如何分配座位？

若宾客只有两位，且是司机驾车，此时两位客人都坐在后排即可，并且以右为尊。

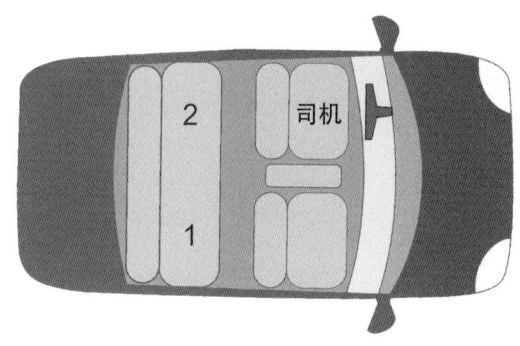

有三位客人同坐司机开的车时，应如何分配座位？

有三位客人时，最次位的客人可以选择坐在后座中间，或是副驾驶座。

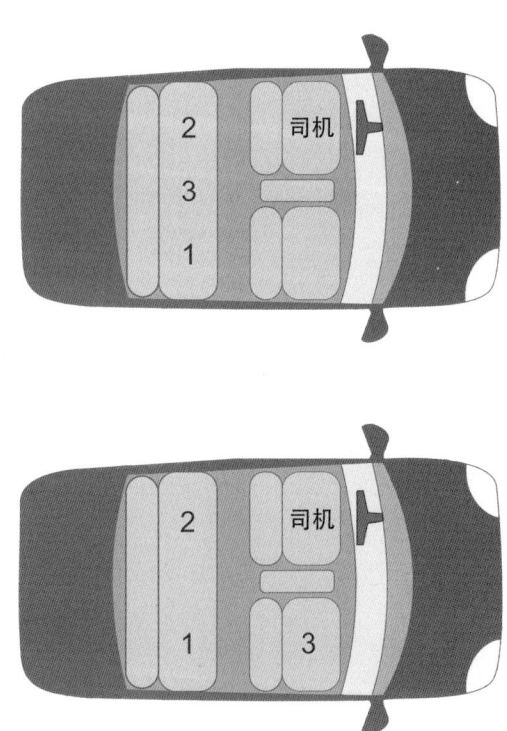

主人开车，载男女宾客各一位时应怎样分配座位？

因为地位、性别的不同，坐法会有些不同。

宾客地位相等

如果是男主人开车，且男女宾客是同等地位，男宾客应坐在副驾驶座，女宾客应坐在右后方。如果是女主人开车，则相反。

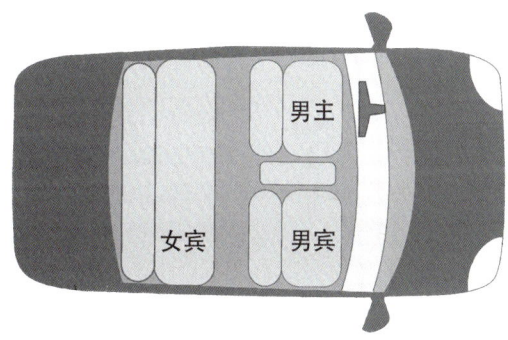

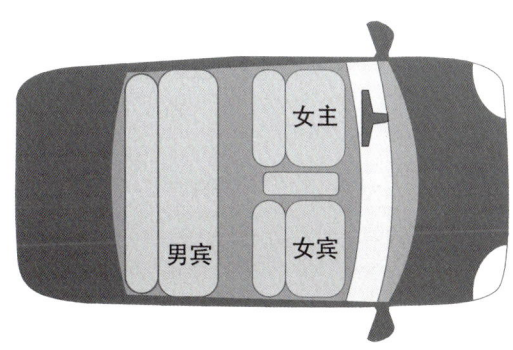

宾客地位不一样

如果男女宾客的地位不一样,地位较高的要坐在副驾驶座,地位较低的坐在右后方。

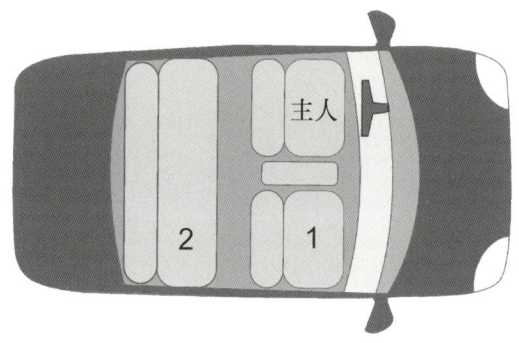

某一宾客与主人熟识

如果某一位宾客和主人熟识,那他应坐在副驾驶座,另外一位宾客坐在右后方。

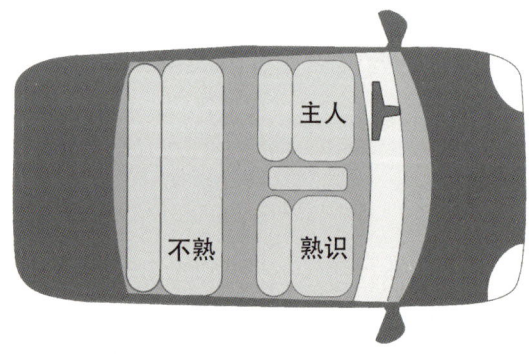

女性穿裙装时应如何端庄地上车?

若女性穿着裙装,可以先将身体微微弯曲,下半身压低,先让臀部进入汽车并坐下,再将双脚并拢,一同收进车内。这样做一方面能避免走光,另一方面也能让自己呈现优雅的姿势。

第四章 | 出行礼仪

巴士

搭乘九人小巴时应如何分配座位?

乘坐九人小巴时,离侧边车门最近的为尊位,驾驶座右边的位置为最末位,其余宾客从第二排第二个位置开始由右至左依序入座。

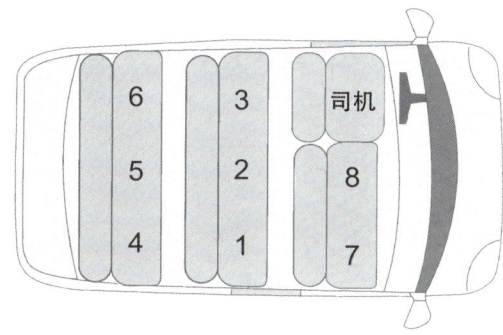

搭乘大型巴士或游览车时应如何分配座位?

从司机后一排开始,第一排为尊,其他依序往后,由右至左地位递减。

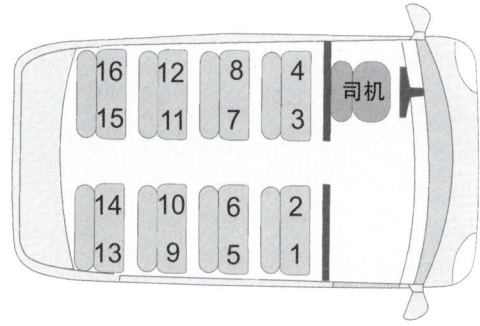

上车顺序是什么？

乘车时主宾、长者、领导或主管、女士优先上车，自己最后上车。

乘客可以在车上吃东西吗？

未经车主允许不可在车上吃东西；如果车主允许在车上吃东西，也要注意食物的碎屑不要散落在车内，以免造成车主的困扰。

下车时应注意哪些事？

下车时应留意车上是否有遗落的物品，若搭乘出租车，坐在副驾驶座的人应于下车前主动付钱。

什么时候要帮忙开车门？

身份较低者需帮较高者开车门，并要贴心地将手挡在车顶，避免对方上下车时撞到头。

3 搭乘其他公共交通工具的礼仪

乘不同的交通工具时,都有一些要遵守的规则,也有要遵守的礼仪,以下列出要遵守的基本礼仪,帮助大家在外出时表现得体、不失礼。

飞机

乘飞机的注意事项有哪些?

登机、在机舱内、下机时有不同的注意事项,具体如下:

登机时,要礼让老、弱、孕妇和携带小孩的乘客;

飞机起飞前,要将桌子收起、椅背扶正,并系好安全带;

飞机起飞、降落时要关闭所有电子设备;

在机舱内,如果想更换座位,要等所有的人都坐定后才可以起身,以免造成空乘人员在点算人数时出现误差;

在机舱内移动时,不要碰触他人或是座椅,以免影响他人;

在机舱内,请勿大声喧哗或是高声谈论事情,以免影响他人休息;

用餐时要将椅背调直,以免妨碍后排用餐;

下飞机时,要依照座位的次序离开,勿推挤或争抢。

为什么起飞和降落时要关闭电子设备?

因为电子设备会影响飞机上的设备和航空通讯,有可能造成飞行安全隐患。

地面交通

乘地面公共交通工具时的注意事项有哪些？

乘地面公共交通工具时会遇到不同的人，环境也会更复杂，所以我们更要注意个人的礼仪是否得体，不然会造成他人的困扰。下面列出几点常用的礼仪建议，有搭乘地面公共交通工具习惯的人注意了这些，可以更加从容优雅，具体如下：

上车时应排队，争先恐后地上车很容易造成危险；

上车后不要站在车厢门口，要尽量往车厢内移动，以免影响要上下车的乘客通行；

在车站和车厢内时，不可以大声讲话或是讲不雅的字句，以免让他人感到不适，或让其他乘客听不清楚站内、车内的广播；

如果车内有老弱妇孺，应将座位礼让给他们，且不要将私人物品放置在座椅上占座；

车厢内不可吸烟；

如搭乘须按铃上下的交通工具，不可以乱按铃；

下车后，如果没有大件行李或身体问题，尽量不要搭乘电梯，要将电梯礼让给老弱妇孺或是携带大件行李者使用，一般行人可以走楼梯或是扶梯。

行驶过程中可以和司机聊天吗？

不建议与司机聊天，司机的任务是将乘客安全地送达目的地，与司机聊天有可能使他分心，影响乘客的安全。

第五章 | 通讯礼仪

什么时候有时间，并在该时间再次致电对方。

打电话时哪些行为是不礼貌的？

不要边吃东西边打电话，也不要将电话夹在脖子上，这些都容易造成说话含糊不清，是不礼貌的。

如果致电者一直不挂电话，该怎么处理？

可以跟他说自己还有一些事情要忙，请他晚点再打。

通话结束后谁先挂电话？

要由致电那一方先挂电话，但通话结束后请不要突然将电话挂掉，而是要轻轻挂掉，因为接电话的那一方有可能还在听着电话。

2 转接电话的礼仪

帮他人接电话，首先要注意保护他人隐私，其次在代为转达某些事时，要注意信息的转达是否正确，以免使他人回拨电话时，双方无法衔接好。

代接他人电话时该怎么做？

如果接到电话并要转给其他人，可以先跟致电者说"请稍等"，之后请他人来接；如果他人距离较远，可以转接至他的分机或告诉对方分机号码。

可否让致电的人等待？

可以，但请他人等待的时间最好不要超过 30 秒。

如果需转接的人没办法接电话，该如何处理？

可以请对方留下联系方式，等到需转接的人回来后再回电；也可以请致电者过几分钟后再致电。

如何请对方留下联系方式？

可以跟对方说"目前 XXX 不在，需要帮您留言吗？"如果对方需要留言，可以请他留下姓名、电话、单位、致电事由等信息。

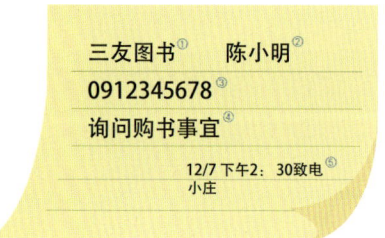

三友图书① 陈小明②
0912345678③
询问购书事宜④
12/7 下午2：30致电⑤
小庄

① 致电者单位
② 致电者姓名
③ 致电者电话
④ 致电事由
⑤ 致电时间及接电话者

如果致电者不想留下个人信息，该怎么办？

如果致电者不想留下个人信息，不需要勉强，可以请他稍后再拨。

别人通话时可以插话吗？

别人通话时不宜插话，因为这样不仅会干扰他人，还会让人感到不受尊重。

代为留言后应怎么做？

记下留言后，要单独告诉致电者要找的人，不需要告诉别人。如果自己要离开，可以请旁人代为提醒有人来电留言这件事，但最好亲自转达，因为接到电话的人是最清楚状况的人，也是最适合转达信息的人。

接到自己能力范围内无法处理的电话时该如何处理？

如果致电者说的事情自己没办法处理，可以对致电者说明，并转接到可以处理的人那里。之后再告知接手者大致情况，让他有些心理准备。

怎样帮领导接电话？

在帮领导接电话时，要帮领导过滤电话，如一些推销电话或是领导目前不想接听的电话就不需要向领导传达。我们在接电话时要询问致电者名字与事由，不确定的要先与领导沟通，看他是否想要接听这个电话后再做答复。

致电者询问公司成员甚至上司的行程时可以回答吗？

不要轻易说出他们去哪里了或在做什么，可以回答"不是很清楚"，或是"正在开会"等等。

3 使用手机的礼仪

手机是目前人们在日常生活中最常用的通信工具之一。虽然它很方便，但在使用上也有要注意的礼仪，不可以肆无忌惮地使用，以免影响自己的形象。

手机应该放哪里？

外出时，手机应该放在包内，如果要放在上衣口袋内，不能使衣服看起来鼓鼓的，以免影响仪表。

在办公室或是公共场所使用手机时有什么注意事项？

在打电话时，要注意自己说话的音量不要影响到身边的人；若遇到开心或是难过的事情，也不要在肢体上显现出来，以免打扰到他人。

如果别人的电话响了，但他本人不在，应该接吗？

手机属于私人物品，就算我们和手机主人的私交很好，在得到手机主人同意之前，都不可以代为接听，否则就会侵犯到他人隐私。我们可以在手机主人回来后告知他刚刚有未接电话。

用手机接打电话需要分地点吗？

尽量不要在电梯、路口等通道处，或是人来人往的地方长时间打电话，要选在不影响他人的地点使用手机接打电话。

开会、聚会时可以接手机吗？

在开会或是聚会时，建议不要当众接听电话，最好是将手机关机，或是设成震动、静音等模式，以免影响会议或聚会的进行。

开会时有重要电话打入该怎么办？

如果开会时有重要电话或紧急电话打入，可以跟身旁的人说一声"不好意思"后，再接起电话，但接听的时间不要太长，回应以"嗯""是"等简短的词语为主。如果需要长时间对话，建议向会议主持人或是主办方致歉后到会场外面通话，以免影响到与会的人。

什么场合需要使用短信？

在打电话会打扰到他人的情况下，我们可以发信息沟通事情，接收者也可以在有空的时间查看并回复。除此之外，我们在上课、开会、上班等不方便接听电话的场合中接到电话时，可以用信息告知对方情况，表示对来电人员的尊重。

对方没有回复信息时该怎么做？

在发出信息后，难免会遇到对方在开会或是开车的情况，所以要耐心等待，不建议一直发信息询问对方。但如果是紧急的事情，还是打电话询问较好。

编写信息需掌握哪些要点？

要简明扼要地说出重点。若使用简称或是特殊用语，要确定对方能充分理解。

还有什么要注意的手机使用细节？

在走路、开车时不要使用手机，要注意个人安全，且不妨碍他人正常通行。

使用社群平台有什么注意事项？

社群平台改变了传统的沟通模式，解决了沟通时的距离与时间问题，让信息的传播度更广、传播速度更快。

但社群平台是非正式且非紧急性的沟通平台，若有重大事件或是即时性问题发生，还是电话或面对面的方式有效。另外，因为我们无法听到对方的声音、看见对方的肢体语言，所以我们在用词上要格外小心，避免产生不必要的误会。

4 书信礼仪

书信是用来传达信息或表达情感的媒介,无论是手写信件还是电子邮件,要注意的细节都不可忽视!

书信分为哪几种?

书信分为私函和公文两种。公文是为解决公共事务问题而往来的正式或官方信件,包含通知、请示、报告、纪要、函、批复等。私函是私人沟通所使用的书信。下面主要介绍私函的书写格式:

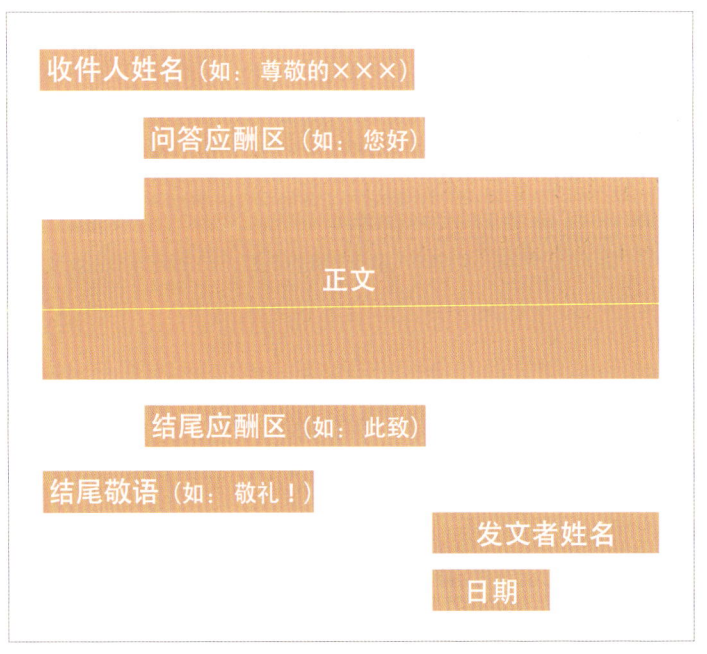

书信中应包含哪些要素？

在正式书信中，应包含称谓、正文、结尾敬语和落款这四要素，具体使用方法请看下图。

"敬称"与"谦称"有什么差别？

敬称是尊敬地称呼对方，通常用头衔加上姓氏，若无头衔，则可以用"先生""小姐"。

谦称是谦虚地称呼自己，如"您好，我是某某公司小陈"或"您好，我来自某某公司，敝姓陈"。注意不要用"小姐""先生"来称呼自己。

书写信封有哪些注意事项？

信封分为中式信封与西式信封，填写的方式各有不同，如下图所示。此外，要注意信封上的收件者的称谓要以邮递员的角度去写，而不是用寄件人对收件人的称呼方式，应写"某某某　先生或小姐收"。

·中式

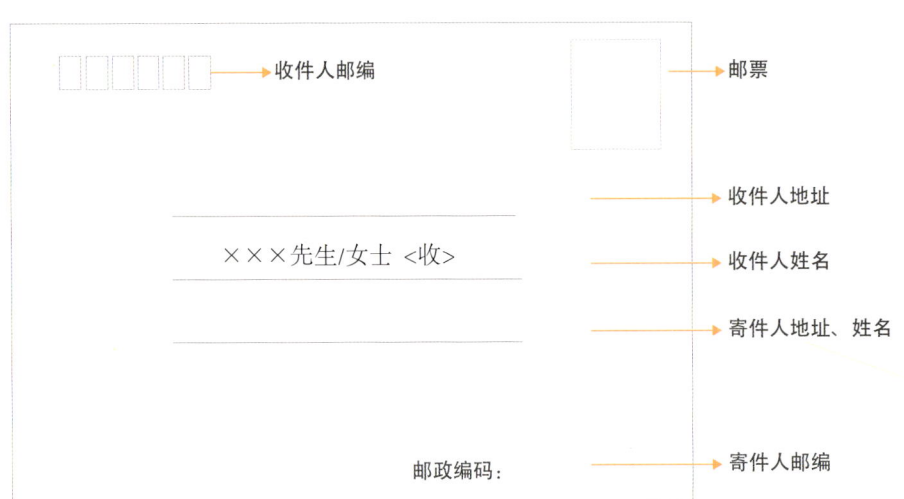

·西式

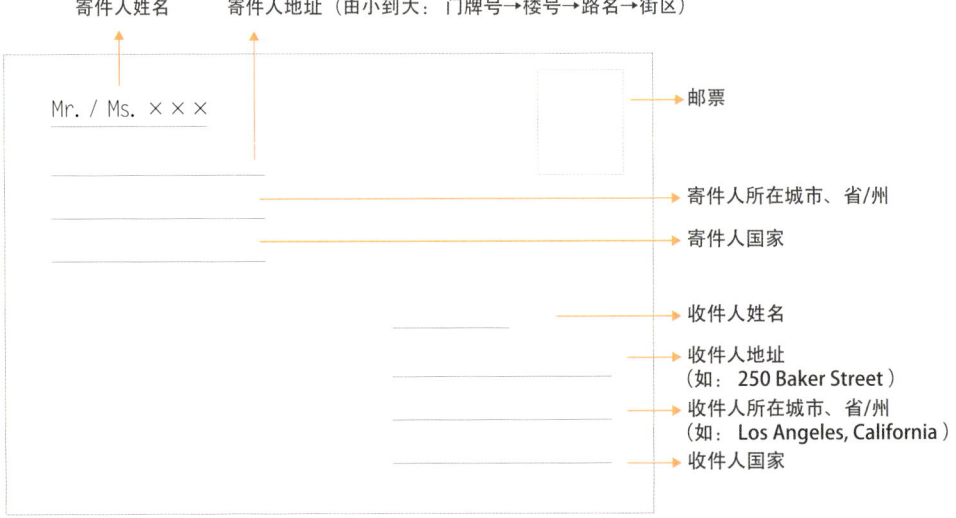

第五章 | 通讯礼仪

西式书信的结构是什么？

西式书信通常会在右上角写上日期，并在左方写收信人的名字，空一行后，才会进入正文，文末会加上结尾语，并在下一行署名，如下图。

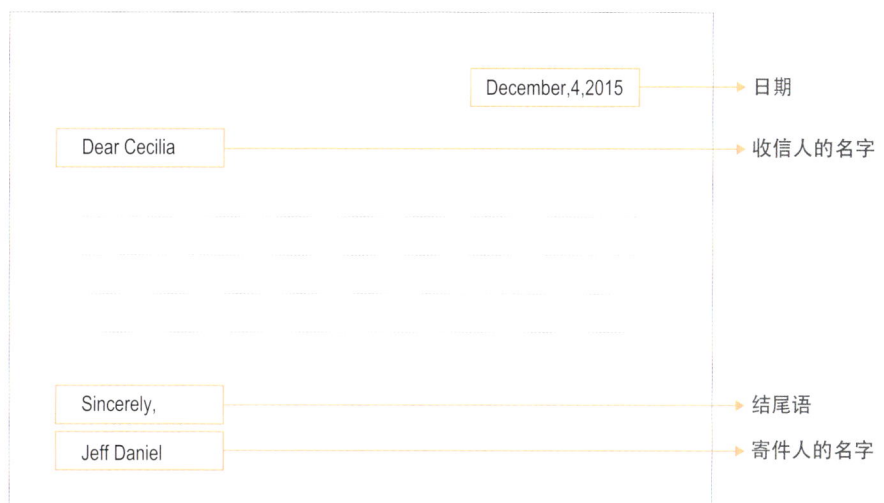

英文书信的结尾语有哪些？

Best regards（诚挚地问候），Best wishes（祝一切顺心），Sincerely yours 或 Yours sincerely 或 Sincerely（最诚挚的友人），See you（再见），Your friend（你的友人），Yours always（永远是你的挚爱）等。

信件寄出前要检查什么？

在寄出前，要检查是否有错别字，检视内容是否有不符合逻辑的地方，如果是用条例式的方式书写，可以加上序号，让对方阅读起来更加轻松。最后，要确认附上的档案是否完整，有没有夹杂不必要的文件等。

电子邮件的主题应怎么写？

电子邮件的主题要直接点出寄此信的目的或问题，例如"8月工资单""人事处分公告"等，这样能让人了解这封邮件的重要性。

写电子邮件要注意些什么？

写电子邮件时，建议用条例式的方法写下要表达的内容，在署名时，可附上姓名、公司名称、所属部门、电话等信息。另外，一定要确认内容无疏漏、附件完整后才可寄出。正式的电子邮件要避免使用表情符号。

第六章
社交礼仪 | 言行得体，提升个人魅力
Etiquette for Social Occasion

1 | 介绍他人及自我介绍的礼仪

2 | 握手礼仪

3 | 递送名片的技巧及礼仪

4 | 其他社交礼仪

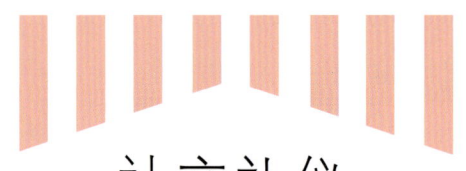

社交礼仪
Etiquette for Social Occasion

1 介绍他人及自我介绍的礼仪

在介绍他人或是自我介绍的时候，要注意仪态及谈吐是否合宜。介绍他人时，还要注意介绍顺序。

介绍他人

介绍他人的顺序是什么？

根据地位、性别等的不同，有不同的介绍顺序，具体如下：

将	介绍给
主　　人	宾　　客
女　　士	男　　士
长　　辈	晚　　辈
高 阶 者	低 阶 者
团　　体	个　　人
早到的人	晚到的人
领导同事	家　　人
不熟的人	熟悉的人

如果团体双方的人数不同，要如何介绍？

一般是将人数少的一方介绍给人数多的一方。

年轻女士与长辈男士共处该如何介绍？

要将女士介绍给长辈男士认识。

什么时候需要我们介绍他人？

和同事、亲友或领导在一起时，会遇到一部分人相互认识，另一部分人不认识的情况，这时，自己就要当起介绍人，介绍双方认识，以免让任何一方感到尴尬。

自我介绍

什么时候需要自我介绍？

在参加大型活动时，我们不要像花瓶一样杵在旁边，除了要向主人致意，还要向陌生人打招呼，如果对方对你有兴趣，可再进一步介绍自己。良好的自我介绍可以给人留下很好的第一印象，对扩展人脉很有益处。

有介绍人在场时需要自我介绍吗？

如果有介绍人在场，则由介绍人去介绍。

看到想要认识的人时可以主动向前吗？

可以，但如果他在谈话，要先向前但保持一段距离，等到对方对话结束并看到自己时，再向前做自我介绍。

如何自我介绍？

一般可以介绍自己的姓名、任职单位、职务，让旁人初步认识你，如："您好，我叫陈小华，在××图书的编辑部担任编辑。"

自我介绍要多久？

一般来说，自我介绍不超过1分钟为宜，但某些社交场合会要求宾客做3分钟或是更长的自我介绍。可以在口袋中放上不同长度及内容的自我介绍以应对不同情况。

2 握手礼仪

握手是最基本的社交礼仪之一，尤其是在第一次见面时，伸出右手与他人轻轻一握，可以表示自己的欢迎和热情。

握手时，应该谁先伸出手？

会因为性别、辈分而有差别，具体如右图。

先伸手	后伸手
女 士	男 士
长 辈	晚 辈
主 人	客 人
高阶者	低阶者

如果男士先伸出手，女士应该回应吗？

需要，女士应尽量避免使他人难堪的情况发生。

如何握手？

握手时双方需以站姿进行以表示尊重。站立时，双眼直视对方并点头微笑；上半身自然前倾，再伸出右手与对方相握，手掌不要朝上或朝下，要与地面垂直；双方距离不要太近，双腿站直即可。

男士的握手姿势是什么样的？

男士与他人握手时，要将右手的虎口处与对方的虎口处相接，再轻轻地将相握的手上下晃一下，不必大幅度地上下摆动。同时，左手不可在身旁任意甩动，将其自然地放在体侧即可。

女士的握手姿势是什么样的？

女士握手时，不需将整个手掌伸出，仅让对方轻握住指尖即可，不可太用力。

多人握手有什么原则?

要按照从尊到卑、从年长到年幼,再按由近到远、顺时针的顺序依次握手。

握手应持续多长时间?

握手的时间以不超过 5 秒为宜,但如果遇到熟识的人,可以稍微加长时间。

手心容易冒汗怎么办?

握手前可以假装整理衣服,稍微擦拭下手心上的汗,以免失礼。

什么时候可以采取双手握手的姿势?

与自己非常熟悉的人或是政商人物握手时可使用双手握手的方式。另外,在丧礼场合表达节哀之情时也会以双手握手。

遇到不舒服的握手时应如何处理?

如果遇到让人感到冒犯的肢体接触,或是有握着手且有点被占便宜的感觉时,可以将话题引导至其他方面,或是借由捡拾物品、拿东西等姿势将手抽离,以化解不愉快。

握手有什么禁忌?

握手虽然可以表达个人的热情,但是仍有一些禁忌要注意:

(1)握手时不可用左手。

(2)握手时不可戴手套、墨镜。

(3)握手时不可面无表情或是东张西望。

(4)握手时不可将另一只手插在口袋。

(5)握手后不可马上擦手。

(6)一般情况下,男士不可以主动向女士伸出手。

(7)不可以拒绝他人的握手。

(8)多人握手时,不可双手同时与人交叉握手。

3 递送名片的技巧及礼仪

名片代表个人身份和地位,在社交场合中有举足轻重的作用。它更是认识新朋友的媒介,是社交场合中不可缺少的工具。

如何递送名片?

在递送名片时,要将名片正面朝上,以双手的大拇指及食指握住名片下方的小角递送。在递送的同时,可简单地介绍自己,如:"您好,我是陈小明,这是我的名片。"

递送名片的顺序是什么?

顺序会因为性别、辈分不同而有差别,具体如图:

递送者	接收者
低阶者	高阶者
晚　辈	长　辈
男　士	女　士
来访者	被访者

若双方同时递出名片,应如何处理?

位阶较低者应迅速将自己的名片递给对方,再以双手承接对方的名片,若双方为平等的合作关系,则可以用左手接下对方名片,同时右手递出自己的名片。

如何接收名片?

和递送名片的姿势相同,以双手的食指和大拇指握住名片下方的小角,并说"您好"或是"谢谢"等。

接过名片后该如何处理？

为了表示对他人的尊重，可以将名片放入名片夹、上衣口袋等安全、不易丢的地方，不可放在包内或裤子口袋。

可以在名片上做标注吗？

事后整理名片时，不可以在名片正面随手标注，但可以在名片的反面写下对方的特征等信息，以便记忆。

如何整理名片？

可以用电脑或是笔记本将对方的信息记录下来，以便在第二次接触时不会认错人，且交谈的话题也会变多。这些信息包含：接触对方的场合、事由、时间，对方的饮食习惯，双方互赠过的礼物等。

交换名片时还有什么注意事项？

交换名片的动作应在双方都有意愿的前提下发生，不建议在一群陌生人之间互递名片，否则有自我推销的嫌疑。另外，也不要在用餐时交换名片，以免影响他人用餐。

如果名片上的信息有误，可以涂改吗？

在名片上涂改会让人产生不专业的感觉，建议还是重新制作名片，以表示对对方的尊重。

可以问他人要名片吗？

向他人索取名片时，要先衡量自己的身份地位是否相符，许多高阶人士并不会给一般的职员名片，他的名片只会给和自己地位相当的人。因此，若高阶人士（如主管、长辈）向你要名片时，千万不要主动跟对方说："可以给我一张你的名片吗？"

4 其他社交礼仪

送礼、回礼、谈话……这些与人的相处之道，都是我们在社交中会用到的，其中有很多要注意的细节，做得好会让他人感受到你的用心，对你保持好感。

送礼与回礼

如何选择礼物？

可以从送礼的理由、时机、对象、场合等各方面选择能送进对方心坎里的礼物。

为何送礼

要依据送礼的目的（如参加喜宴、探病等）选择不同的礼品，场合不同，所挑选的礼物也不同。

收礼人

要了解收礼人的喜好、背景等相关资料。

收礼者的地方习俗

收礼者可能来自不同国家，要了解当地的礼俗禁忌与喜好后再选择礼物。

送礼时机

选择一个好的送礼时机，不要让他人觉得错愕或突兀。

其他因素

如果是委托他人代送，则要考虑到中途可能会发生的状况（如出现破损等），并事先采取保护措施。

第六章 | 社交礼仪

赠送礼物时要撕掉价格标签吗？

在包装礼品前要将标签撕掉。因为送礼最重要的是体现诚意而非价钱，让对方看见价钱，好像在期待对方回赠一个等值的商品，是不礼貌的。只有将标签撕掉，才不会造成双方尴尬。

送他人礼物时一定要包装吗？

要，因为精美的包装会让对方感受到你对他的重视。

接受他人的礼物时应如何回应？

收下礼物时，除了要向对方道谢，还要表现出自己收到礼物的愉快心情，让对方能感受到你的愉悦。还可以写一封感谢信给对方，感谢他耗费了宝贵的时间挑选礼物，更感谢他的用心。

礼物可以当面打开吗？

在西方国家有当面打开礼物的习惯，这是为了和大家分享收到礼物的快乐。如果收到礼物者不打开礼物，送礼者可能会觉得不被重视。而在中国，我们可以先询问一下，如下图：

1 收到礼物

2 询问可否打开

3 轻轻撕开包装纸
包装纸也包含送礼者的心意，不要将包装纸撕碎。

4 看到礼物
表示惊喜，仔细欣赏。

5 表示感谢
"我很喜欢，非常感谢。"

如何有礼貌地拒收他人的赠礼？

若想拒绝他人的赠礼，建议送礼当时就要表示自己不能接受，但一定要向对方道谢，感谢对方花费的时间与金钱。

如何回礼？

选择相近价格和品质的礼物，但不要在对方送给你礼物后马上回礼，也要选择较恰当的时机，如节日、下次登门拜访时回赠，以免被他人认为是等价交换。

谈话

聊天时可以聊什么内容？

不要谈及政治、婚姻、薪资等较敏感的话题，可以谈天气、球赛等一般的话题，这样较不易造成场面尴尬或是气氛紧张。

和他人聊天时要注意什么细节？

不管是公聊还是私聊，都要确保自己的口腔没有异味，以免影响谈话的气氛。

第七章

宴会礼仪
Banquet Etiquette

绅士与淑女
养成须知

1 | 酒会、茶会、游园会礼仪

2 | 欣赏音乐会的礼仪

3 | 参加舞会的礼仪

4 | 高尔夫礼仪

宴会礼仪
Banquet Etiquette

1 酒会、茶会、游园会礼仪

在酒会、茶会、游园会等较轻松的活动中,没有特意安排的桌次或座位,宾客可以自由选择要站立还是坐着。虽然这类活动相对来说气氛轻松,但我们仍要注意自己的言行,不要做出失礼的举动。

主人需要迎宾吗?

依照惯例,主人要站在会场的入口迎接宾客,并一一握手以示欢迎。宾客不可在入口处与主人交谈太久,以免妨碍其他宾客的进入。

如何让宴会气氛融洽?

在酒会、茶会、游园会开始后,主人可以在宾客间走动,和每位宾客交谈、寒暄。宾客可以和附近的宾客谈天,不要呆站在会场上。

如果是特意为某位主宾举办的宴会,要安排座位吗?

酒会、茶会、游园会等活动通常不安排座位,但如果是特意为某位主宾举办的活动,主人应和主宾坐在一起,其他宾客随意入座即可。

提早离去要告知主人吗？

宾客要提早离开时不用特意告诉主人，自行离开即可。

主人需要送客吗？

活动结束时，主人应在会场门口送客。

举办酒会的用途是什么？

酒会主要是为了认识新朋友或是新的合作伙伴而举办，所以尽量不要自己一个人坐在一边大吃大喝。我们可以在会场内随意走动，并主动认识身旁的宾客，甚至可以更进一步，如交换名片等，以便日后联络。

茶会的举办时间和用途是什么？

茶会通常安排在早餐和午餐之间（上午 10 点左右），或是午餐和晚餐之间（下午 4 点左右）。茶会主要在会议或会谈中的休息时间举办，会备有点心、饮料等食物，给与会人员补充能量。

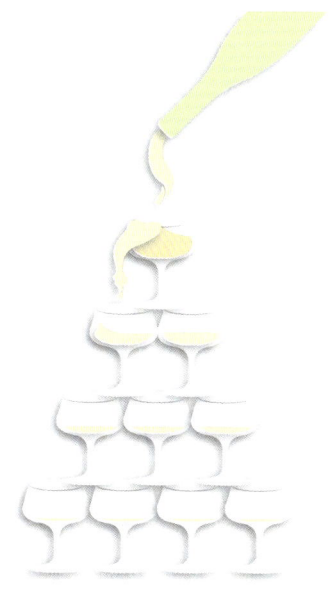

2 欣赏音乐会的礼仪

观赏表演时应该保有尊重演出者的态度，不管是观看音乐会还是剧团演出，都要有风度和礼仪，这样才不会成为旁人眼中的"另类"。

参加音乐会应如何着装？

一般来说，男士穿西装、女士穿小礼服是最为正式的。注意，在大部分场合，我们仍认为女士穿着裤装是不合宜的打扮。还要注意的是，拖鞋、凉鞋、短裤等都是失礼的穿着，不可穿入音乐会会场内。

什么时间入场最合适？

应在音乐会开始前10分钟进场入座并了解当天的节目单，以事先知道今天要演出的节目内容。

晚到还可以进入会场吗？

可以，但要等到表演或节目的一个段落结束后再进入会场，以免打扰到他人。

男士要如何保持风度？

在入场时，男士可以负责寻找座位，并在觅得座位后再请女士入座。

可以带小孩去听音乐会吗？

尽量不要，如果一定要带小孩去音乐会，最好选择出口附近的位置，以便在小孩哭闹时及时将他带出场外，避免影响他人聆听音乐。

音乐会开始时要注意什么？

在音乐会开始前，观众席的灯光会变暗，当音乐家进场后，就代表音乐会开始，全场应保持安静，不可进食、走动或与他人交谈，并要将手机关机，以免干扰音乐会进行。

什么时候鼓掌？

在乐曲结束时才需要鼓掌。我们可以注意看指挥家的手，当指挥家的手完全放下，音乐完全停止时，代表演出结束。不要盲目地跟着其他观众鼓掌，以免影响演出。

乐章之间要鼓掌吗？

有好几个乐章的曲子，在乐章和乐章之间不可以拍手。有几个乐章可以从节目单知道，所以我们需要事先阅读节目单。

演出一半时可以暂时离场吗？

在演奏进行时，不建议随意走动，如果真的要离场，也要等到一首曲子结束后再离场，以免影响其他观众观看。

节目结束时，掌声要持续多久？

当演出者退到舞台的两端而掌声依然持续时，演出者通常会再度出来谢幕，大概会出来三次。

演出结束时要说什么？

在演出结束时，如果节目很精彩，可以喊"bravo"，表示太棒了；或是"encore"，表示希望乐队能再次表演。

什么时候离场？

要等演出完全结束之后才可以离开会场，以表示对表演者的尊重。

3 参加舞会的礼仪

舞会是社交或外交活动中最常办的活动，有化装舞会和正式舞会两种。

舞会由谁开舞？
一般由男女主人、位阶较高或年纪较长的人开舞。

舞会如何着装？
男士要穿正式的西服，女士要穿礼服，服装要干净整齐。

通常由谁主动邀请舞伴？
通常由男士邀请女士跳舞。

怎么邀请舞伴？
一般为男士走到女士面前，眼睛看着对方说："我可以邀请你跳舞吗？"当女士回复可以的时候，男士可伸出右手，如果女士没有伸手，男士可以顺势说"请"，让女士走在前面。到舞池后，由男士带着女士跳舞。曲子结束后，男士要将女士送回原先的地方。

如何邀请舞伴

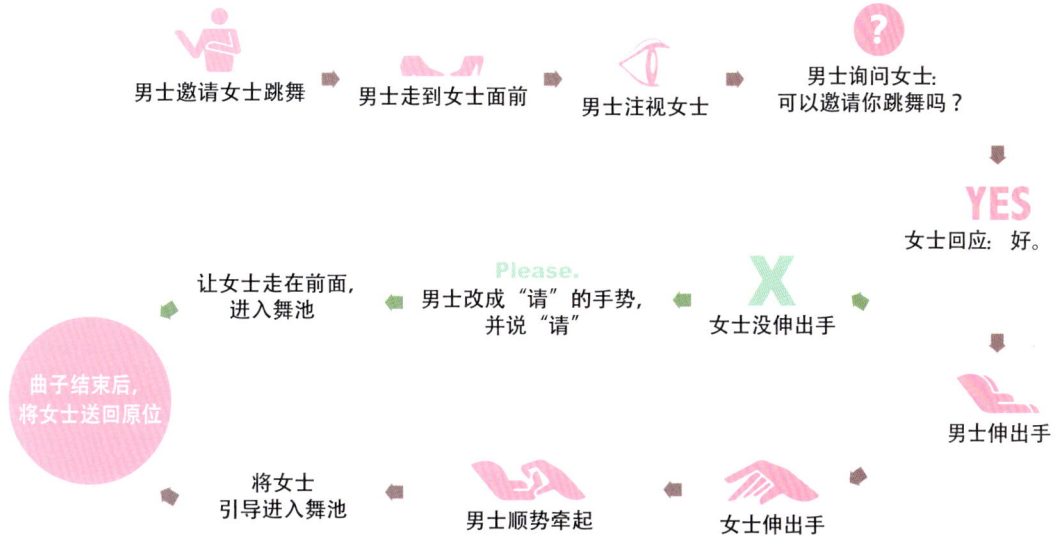

如果不愿意跳舞，要怎么推辞？

如果女士不想跟邀请者跳舞，或是因为不熟舞步而不想跳舞，可以称自己身体不适或是正在等朋友而推托，如："不好意思，我觉得有点累，想休息一下。"但要注意的是，女士不可以对男士的邀请视而不见，否则会让男士尴尬，且拒绝这位男士后，在一首曲子没有结束前，不要和其他男士共舞。

可以邀请已婚女士跳舞吗？

要先征得女士丈夫的同意，如丈夫同意就可以邀请该女士跳舞。

可以邀请有舞伴的女士跳舞吗？

要先征得女士舞伴的同意，如舞伴同意就可以邀请该女士跳舞。

离开时要告知主人吗？

如果宾客有事情需要先离开，可以直接离去，不用告知主人。

参加舞会还有什么注意事项？

跳舞时，一般是由男士带领女士跳舞，且男士要注意跳舞的方向，要和其他人的方向一致。如果不小心踩到对方的脚，要马上说对不起。另外，不要因为太紧张将舞伴搂得太紧，以免引起误会。

第七章 | 宴会礼仪

4 高尔夫礼仪

在高尔夫球场上，除了规则之外，还要注意自己是否是有礼貌的球员，要知道，球品胜于球技。那么，我们应如何优雅地享受高尔夫球这项运动呢？下面会一一解答。

应提前多久抵达球场？

邀请者应提早抵达球场以安排报到事宜，并将服装和球具分配好；而参加者应提前 20~30 分钟抵达球场。

打高尔夫的基本原则是什么？

要遵守"快走慢打"的原则，但不可以特意拖延时间。

如何开球？

首洞开球可以抽签决定或是以差点顺序依序开球。之后各洞的开球顺序可以依照前一个洞的击球成绩，由最低杆数的人开球，并由低至高依次进行。

什么是差点？

差点（handicap）的制度只在高尔夫球的比赛项目中才会出现，指的是个人的技术水准，差点越低代表技术越好。

应如何安排球道上的击球顺序？

一般由距离果岭最远者先击球，其他的球员位置不能超过正在击球者。同时，其他球员在果岭上走动时，不能踩到该球员推球行进的路线。在每洞结束之后，球员要马上离开果岭。

在等待的球员可以做什么？

球员可以先选好球杆，并在其他球员击球后，马上到击球位置以准备击球。但在前组球员未走出安全距离时不可击球，以免伤到他人。

如果找不到球或找球超过5分钟，而后面有另外一组球员在等候，应该让后面的球员先通过，不要因为自己而影响他人。

可以随意移动高尔夫球吗？

球员不可以随意移动高尔夫球，如要移动球，需要取得同组球员的同意。

别人在挥杆时，其他球员要注意什么？

球员在挥杆时，其他球员不可以站在他们身后聊天，也不可以站在他们的挥杆范围内，应和挥杆球员保持安全距离。

第八章
各国文化礼仪
Customs of Various Countries

各国礼仪大不同，怎么做才不失礼？

1 | 美国文化礼仪
2 | 英国文化礼仪
3 | 法国文化礼仪
4 | 澳洲文化礼仪
5 | 日本文化礼仪
6 | 韩国文化礼仪
7 | 德国文化礼仪
8 | 荷兰文化礼仪
9 | 新加坡文化礼仪

1 美国文化礼仪
American Culture and Customs

生活礼仪

· 美国人第一次见面时没有握手的习惯,以点头微笑为主。如果女士、长辈或比自己地位高者没有握手的意思,更不可以主动伸手。

· 谈话时,他们不习惯距离太近,而是保持一定的距离(约50厘米)。

· 在称呼他人时,不用太刻意用尊称(先生、小姐),他们习惯直接称呼名字,觉得这样比较亲切。但对法官、医生、教授等具有头衔的人物,美国人会使用正式头衔称呼他们。

· 在和美国人聊天时,要直视他们的眼睛,他们认为谈话时没注视对方眼睛代表对对方不尊重,或是对对方没有兴趣。

· 他们认为喷香水是礼貌,有体臭为不礼貌。

· 在亲友家借用电话时,要先经过主人的同意,并要在离开的时候留下通话费。

· 如果要在美国人面前抽烟,需事先询问并征求对方同意。

服装礼仪

· 美国人在日常生活中会穿得较有个人风格,如要参加宴会等正式场合,就会穿着西装、小礼服等,并且会保持衣服的整洁。

餐饮礼仪

- 到美国人家里做客时不可以晚到,并且要带伴手礼。
- 用餐时,要等所有人面前都上了菜,并且女主人开始食用后,客人才可食用自己的菜。
- 用餐时,如果咳嗽或是打嗝,要道歉并说"Excuse me"。
- 用餐时,应适时与邻座宾客交谈,但如果口中有食物,要等到食物咽下之后,才能与对方交谈。
- 服务生为客人上菜时,会站在客人的左边,所以当他站在你的右边时,是轮到你右边的客人取菜,此时切记勿将盘子递上。在取菜时,每一样菜都取一点较为礼貌。
- 清理食物残渣时要用牙线,他们较少使用牙签。
- 不可越过其他宾客取调味料或餐点,应请他人帮忙传递。
- 用餐时,主人应等宾客吃完一道菜后再换下一道菜,如大部分宾客用餐的速度都很快,主人要主动放慢速度,以免让用餐速度较慢的宾客感到不安。
- 用餐完毕后,宾客应等主宾从座位上站起后才可离席,在宴会结束前离席是不礼貌的。
- 如果是外出宴请宾客,不能在宾客面前计算费用。

礼俗禁忌

- 美国人不会谈论年龄、体重、收入、宗教、政党、婚姻等涉及个人隐私的问题。
- 忌讳数字3和13;忌讳星期五;忌讳说"老"(old),因为他们认为老等于落伍。
- 忌讳有蝙蝠图案的物品和黑色的猫,甚至黑色都相当忌讳,他们觉得这些是不吉利的。
- 不能选刀子或是剪刀作礼物,这样有切断感情的寓意。
- 勿送含有公司商标的礼品,否则有打广告的嫌疑。

2 英国文化礼仪
British Culture and Customs

生活礼仪

- 与英国人第一次见面时要行握手礼，但勿同时与多人交叉握手。
- 英国人非常注重保护隐私，在称呼上，除非是亲友或熟识的人，其他人都要在对方姓名前加先生、小姐等称呼。
- 聊天时最好不要谈年龄、宗教、种族、薪资等较敏感的话题。
- 邀请英国人用餐不可以临时起意，一定要事先邀请；也不能临时去拜访英国人，以免干扰他们的私生活。
- 英国人十分重视时间，在参加宴会或会议时一定要准时到达。但如果是到英国人家中做客，要注意不能提早到，准时到达或是晚到10分钟即可，以免妨碍主人准备。
- 用完餐后，不建议在主人家待到太晚，最好在用餐完毕后1小时内离开。
- 英国人注重女士优先。当男士和女士一起进门的时候，男士要替女士开门；行走在马路上时，男士要走在靠近车的那一侧；在餐厅时，男士要替女士拉开椅子。
- 男士遇见女士时，如果有戴帽子，要将帽子摘下来并向女士点头示意，之后再将帽子戴回去。
- 在英国，插队是很不礼貌的行为，不管是在等公交车、火车还是购物时，都要规矩地排队。
- 与英国人讲话时不能跷二郎腿；如果是站着讲话，不能将手插在口袋里。

服装礼仪

· 英国人很讲究穿着，男士每天都要清理胡楂。白天，出席正式场合或参加社交活动时，男士应穿西服，女士应穿着套装或连衣裙；晚上则以西服（男士）和礼服（女士）为主。

餐饮礼仪

· 英国人很重视餐桌礼仪，用餐时，要将餐巾对折摆放在大腿上，等到主人开始用餐后，其余宾客才可用餐。在用餐时，不可大声交谈、不可在他人面前打嗝或发出不雅声响。
· 在餐厅用餐要给服务生小费，数额一般是账单的 10%。
· 除了一日三餐，下午 3 点到 4 点还会有下午茶，称为"茶休"。这时人们会喝咖啡、奶茶、清茶等，并借此机会联络感情。
· 酒馆和酒吧文化是英国的特色风俗之一，他们喜欢适量饮酒，这也是社交活动中重要的一环。

礼俗禁忌

· 在英国购物时不要砍价，认为价钱合理就买、不合理就不买，讨价还价被认为是丢脸的行为。
· 英国人认为 3 和 13 是不吉利的数字，并且黑猫代表不祥。
· 送女士鲜花时，要注意不可送双数和 13 枝花，也不可送象征死亡的百合花。
· 送他人礼物时，不可以送含有白象、猫头鹰、孔雀图案的物品。

3 法国文化礼仪
French Culture and Customs

生活礼仪

- 法国人较热情且很重视人际关系，在与人交谈时，喜欢站得近一点，他们认为这样会让关系显得更亲近。
- 法国人推崇女士优先，敬酒时，不论地位尊卑都以女士为主，且在走路、进入房间、入座时，都要礼让女性。
- 法国的社交场合一般是行握手礼，亲吻礼只用在同性之间，通常是亲对方脸颊左右各一下，或是贴脸颊。
- 法国的吻手礼只针对已婚女性，且在行吻手礼时，嘴巴不能真的接触到女士的手，距离 1~2 厘米即可。另外，如果女士戴了手套，要将手套脱下后才能行吻手礼。
- 如要拜访法国人，要事先约定时间，且一定要准时赴约，但不要早到。
- 法国人在第一次见面时不会互赠礼物，除非双方很熟或是感情很好。在收到礼物时，也不会当面拆礼物，他们认为这是不礼貌的行为。
- 不可随地吐痰、打嗝、打喷嚏、打哈欠等，这都是不礼貌的行为。
- 探访亲友时，可以赠送鲜花。法国人十分喜欢花，但不可送菊花和杜鹃花，或是黄色的花，他们认为这是不吉利的。
- 在和他人聊天时要避开私人问题、政治问题和其他较为敏感的话题。
- 不能随意送法国女性香水与化妆品，这会让人有过度亲密之感。

服装礼仪

·法国人对穿着十分讲究。法国女性不仅对化妆品的使用十分讲究,且无论老少,穿着风格都十分时髦。

餐饮礼仪

·用餐时,要依照开胃菜、前菜、主餐、奶酪、甜点、咖啡或茶的顺序,一道一道地食用,每吃完一道,服务生会将餐盘收走,并送上下一道菜肴与所搭配的餐具。
·法国人非常喜欢喝酒和咖啡,尤其是葡萄酒。
·如果桌上没有烟灰缸,就不要在餐桌前抽烟。

礼俗禁忌

·法国人认为数字13和星期五是不吉利的,他们不会13个人一起吃饭,不会坐在第13号座位,不会送13朵花。
·不要送含有公司标志或商标的礼物。
·法国人不喜欢核桃、黑桃、孔雀、仙鹤、乌龟等图案,不喜欢墨绿色,他们认为这些都是不吉祥的象征。
·送他人礼物时不可以送刀、剑或是餐具,这象征切断彼此之间的关系。

4 澳洲文化礼仪
Australian Culture and Customs

生活礼仪

- 澳洲人在称呼他人时会直呼其名,但在称呼有一定身份地位的人时,会加上头衔。
- 澳洲人和他人打招呼时一般会行握手礼,但女性相互打招呼时,常会以亲吻礼代替握手礼。
- 澳洲人很注重礼貌,在公共场合不会大声喧哗或制造噪声,且隔着门呼叫他人被认为是很失礼的行为。
- 澳洲人在购买东西时不会砍价,也没有给小费的习惯,但如果服务生给予了额外的服务,可以视情况给小费。
- 在邮局、银行排队和排队等候乘坐公共交通工具时,与他人的距离不要太近。排队距离疏远会使有些队伍看起来不像在排队,但是不要忘记询问一下他人是否在排队,避免插队。
- 澳洲人重视时间观念,如要约见他人一定要事先约定时间,且要准时赴约。
- 到澳洲人家做客时可以带一束鲜花赠给女主人,还可以带 1~2 瓶葡萄酒赴约。
- 在与澳洲人聊天时,可与他们聊旅行、运动等话题,不可与他们谈论宗教、工作、私生活、社会地位等话题,以免侵犯他们的隐私。
- 要时刻保持女士优先的观念。

服装礼仪

· 在日常生活中，澳洲人喜爱穿牛仔裤，因其较方便、轻松。
· 在社交场合，男士多穿西服并打领带，如在正式场合，男士会打黑色领结；女士在大多数时间都会穿裙子，在正式场合会穿套装。

餐饮礼仪

· 澳洲人的口味较清淡，不喜欢太油腻的东西，日常饮食以牛奶、牛肉、猪肉等食物为主。
· 澳洲人喜欢喝啤酒、咖啡。

礼俗禁忌

· 男士之间不喜欢紧紧拥抱或是握住双肩等较亲密的动作。
· 在社交场合，他们很忌讳打哈欠、伸懒腰等小动作。
· 澳洲人对于兔子十分忌讳，他们认为兔子是不吉利的动物，看到兔子会不走运。
· 澳洲人喜欢袋鼠，也会用各种材料做成不同的袋鼠纪念章等物品。
· 周日是澳洲基督徒的"礼拜日"，所以和他们相约不要约在周日，以免失礼。
· 澳洲人忌讳数字13和星期五。

⑤ 日本文化礼仪
Japanese Culture and Customs

生活礼仪

· 日本人在第一次见面时不会直接称呼对方的名字，会称姓氏或是职称以表示尊重。

· 日本人习惯互赠礼物，他们认为互赠礼物可以拉近彼此的关系，所以如果日本人赠礼物给你，不可以推辞。

· 要慎选礼品包装的颜色。在日本，黑色代表丧事，绿色代表不祥，以花色包装纸包装礼品最为适宜。

· 收下礼物后，不可以当众拆开，如果被要求拆礼物，不可以太粗鲁，要小心翼翼，以免给人贪婪的印象。

· 日本人接待客人不会选在办公室，而是会选择会议室、接待室等地，他们不会引客人进入办公的机要部门。

· 在日本，人们初次见面时有交换名片的习惯，一般是地位低或是年幼者先递名片，并将名片正对对方，这被认为是一种礼节。

· 进入日本人住宅时，在玄关要将大衣、围巾、鞋子脱下，摆放鞋子时要将鞋尖朝外。

· 日本人在交谈时会避免凝视对方，并以弯腰鞠躬表示自己谦虚、有教养的品质。谈话时不会谈论年龄、婚姻、薪资等私事，不喜欢尖酸刻薄或是急躁的讲话风格。

· 乘坐地铁或是巴士时不要大声交谈，在公共场合尽量少说话较好。

· 乘坐扶梯时要站在左边，空出右边让他人可以快速通过。

· 在公共场合不做大笑、打哈欠等动作，日本人认为这些是不礼貌的行为。

服装礼仪

·平日要注意衣着打扮，与人见面时不可以穿着随意，否则会被认为没教养。如果参加正式社交场合，男士要穿西服，女士要着套装。

·参加婚宴时不可穿白色衣服，因为白色是专属新娘的颜色，也不可穿一身黑，因为全黑代表丧事，但可以在黑衣外套上亮白的罩衫或是配上包包等配饰。

餐饮礼仪

·用餐前，要双手合十拿着筷子说"**いただきます**"，表示"开动"；用餐完毕要说"**ごちそうさまでした**"，表示"谢谢款待，我吃饱了"。

·招待客人时，不可将饭盛得过满或是只盛一匙；在用餐时，不可只吃一碗饭，因为这样象征无缘。

·在用餐时，不可整理自己的衣服或是头发，这样会被认为不卫生，且是失礼的举动。

·在用餐时，日本人不会将筷子放在碗盘上，而是放在筷架上。在接食时，要用双手承接。

·不可用筷子互相传菜，在日本，这是祭祀死人的仪式。

·在取菜时，不要举着筷子在菜肴上迟疑，这样代表菜很难吃，会让负责烹调的人觉得很难过。

礼俗禁忌

·和日本人聊天时尽量要避免谈论政治、战争等敏感话题。

·日本人忌讳数字4和9，因为在日语中，4和"死"、9和"苦"的发音相同。

·日本人不喜欢紫色，他们认为紫色是代表悲伤的颜色。他们还忌讳绿色，认为绿色代表不祥。

·日本人喜爱松、竹、梅、乌龟等图案，不喜欢山茶花和百合，丧礼时常用莲花和荷花。

6 韩国文化礼仪
Korean Culture and Customs

生活礼仪

- 在韩国，只有某些旅馆会收取 10% 的服务费，其他服务不需支付小费。
- 向年纪比自己大的男士或女士打招呼时，要称"哥"或"姐"；在学校，则要以"学长""学姐"称呼高年级的同学；在职场上，称呼资历比自己老的同事为"前辈"。
- 韩国人初次见面一定会交换名片，见面时一定要相互问候，男士见面会鞠躬并用右手或双手相握，女士一般不与人握手。
- 与韩国人聊天时，不要谈关于政治、经济、家庭等较敏感的话题。
- 不可随意扔垃圾或是吐痰，坐车要系安全带，不可随意穿越马路，否则会被罚款。

服装礼仪

- 在正式社交场合，韩国人多以西服、套装为主，但在特定场合，韩国人会穿传统民族服装——韩服。

餐饮礼仪

- 如果和长辈一起用餐,要等到长辈动筷子后晚辈才能用餐。在吃饭时,不要将碗端起来。
- 在宴会上,韩国人习惯相互斟酒。在用餐时,不可以拒绝他人的敬酒,但在他人敬菜时,要推让两次,直到第三次才能接受。
- 为他人倒酒时,要用一手拿着酒瓶、另一只手托住这只手的手臂。

礼俗禁忌

- 不要在韩国人面前谈论和批评他人的生活水准。
- 与长辈相处时,不可当他们的面抽烟,也不能戴墨镜。
- 韩国人忌讳数字4。
- 不可以用手指指人,与他人站立交谈时,不能将手放在身后。
- 女士笑时要用手稍微掩住嘴以免失礼。

7 德国文化礼仪
German Culture and Customs

生活礼仪

·德国人见面会行握手礼,但如果遇到辈分或地位比自己高的人,则要等对方伸出手后才能伸手。

·德国人一般以先生和女士称呼他人。

·在德国,虽然大部分人都会说英语,但是如果自己会德语或是带着翻译,德国人会觉得更开心。

·如果受邀到德国人家中做客,可以赠鲜花给女主人,以5朵或7朵最合适,但不可送一束包好的鲜花。

·做客时不可带葡萄酒赠给主人,因为这代表自己认为主人选酒的品位不好,但可以带威士忌,烈性威士忌比低度威士忌更受欢迎。

·德国人认为浪费是一种罪恶的行为,所以德国人没有奢侈的习惯。

·赠他人礼物时,不可送剪刀、刀子等利器,如果是送餐具,则要请对方给你一个硬币,否则有切断双方友谊的隐喻。

·在约定时间时,上午10点前或是下午4点后都是不合适的。

·在公共场合窃窃私语或是4个人交叉谈话是不礼貌的行为。

服装礼仪

- 德国人的穿着比较简洁，日常生活中，男士会穿西服，女士会穿长裙；社交场合中，德国人通常穿三件式西装，女士则会穿裙式套装，且以深色衣服为主。
- 戴帽子的装扮十分适合访问德国北部。
- 德国人很重视发型，男士不宜剃光头，而少女多以短发或是披肩发为主，已婚妇女则以卷发为主。

餐饮礼仪

- 德国人口味偏重、偏油，主食以肉类为主，只有北部沿海地区的少数居民才吃鱼，且吃鱼用的刀叉不可以用来食用肉类、奶酪等食物。
- 德国人以爱酒闻名，他们会在吃饭前先喝啤酒、再喝葡萄酒，但如果反过来喝会损害健康。
- 不可以用餐巾扇风。
- 若餐桌上没有烟灰缸，则代表禁烟。

礼俗禁忌

- 德国人将白鹳筑巢视为吉祥的象征。
- 德国人忌讳数字13、星期五和黑猫。
- 赠德国人礼品时，要注意不可选白色、黑色、咖啡色的包装纸，且不可使用丝带包装礼物。
- 不可以提早向亲友祝贺生日或提早撕去日历。

8 荷兰文化礼仪
Dutch Culture and Customs

生活礼仪

- 荷兰人重视时间,如果要拜访客人,一定要准时。
- 在与他人聊天时,他们会聊旅游、体育、艺术品等话题,通常不会谈论金钱、物价等。
- 荷兰没有给小费的习惯,但如果是旅馆的行李服务、客房服务则要给小费,搭乘出租车及餐厅用餐时则没有硬性规定。
- 荷兰人不太会主动与不认识的人交谈或接触。
- 荷兰人与他人见面时多行握手礼,离开时以亲吻礼为主。亲吻礼要分别在对方的脸颊上亲吻三次。注意不可以与多人交叉握手和交叉谈话。
- 到荷兰人家拜访时,要带单数鲜花作礼物送给女主人,以5朵或7朵花最佳。
- 荷兰人走楼梯时,会以男士在前、女士在后的方式行走。

服装礼仪

- 荷兰人在办公时,大部分会穿着较保守的西服。

餐饮礼仪

- 荷兰人在倒咖啡时只倒到杯子的三分之二,如果将杯子倒满,会被视为没有礼貌。
- 荷兰人喜欢相互宴请,通常早餐最丰富。上午10点、下午4点休息时会吃茶点,晚上7点吃晚餐,睡前习惯吃夜宵。

礼俗禁忌

- 荷兰人忌谈纳粹等历史中的政治敏感话题,他们不愿谈论美国政治、钱和物价等方面的话题。
- 和荷兰人聊天时,忌谈隐私、宗教信仰等话题。
- 荷兰人忌讳数字13和星期五。

新加坡文化礼仪
Singapore Culture and Customs

生活礼仪

- 与他人见面时,要行握手礼,但如果对方是东方人,则可用鞠躬代替。
- 不可以带榴梿进入地铁、公交车等公共交通工具,否则会被罚款。
- 在地铁站台、车厢内不可饮食。
- 新加坡人非常重视公共秩序及卫生,公共场所不管进行任何事情都要排队;不能随地吐痰、乱丢垃圾等,只要违反都会被处以罚款。

餐饮礼仪

- 新加坡人宴请宾客的时间一般为中午或是晚上。
- 到新加坡人家中做客时,可携带一束鲜花或一盒巧克力作为礼物。
- 聊天时,避免谈论宗教、政治等较敏感的话题,可以谈旅行等较轻松的话题。
- 新加坡人喜爱饮茶,在农历新年会准备一盅清茶,佐以橄榄,称为"元宝茶",象征发财。

礼俗禁忌

- 数字 4,7,8,13,37 和 69 为禁忌。
- 他们喜欢大象、蝙蝠、红色双喜字的图案。
- 在新加坡人眼中,紫色、黑色是不吉利的,他们还将黑、白、黄色视为禁忌色。
- 在商业上,他们不喜欢用如来佛的图案;在广告标语上,禁止使用和宗教相关的词句。
- 男士忌讳留长发和胡子,拥有这些外在条件的外国人可能会被限制入境。